人事評価制度のつくり方がよくわかる本

よくわかる本

中小企業診断士
伊東 健

社員が納得！
期待成果
シート付

経営書院

はじめに

「人事評価制度を始めたけど、手間がかかるだけで思ったような効果が出ないね」

10年ほど前、社員数40名ほどの中小企業の社長であった父親と私が交わした言葉です。

父親が経営する会社に、家業を継ぐ3代目として入社した私は、当時、リーマンショックをきっかけに生じたさまざまな問題を解決するために導入した人事評価制度の運用を主導する立場でした。

実際に人事評価制度を運用してみて、「手間と時間がかかるだけで効果が出ない、むしろ社員の不満が増大する」というのが当時の率直な感想だったのです。

そして、「人事制度を導入すれば、人や組織に関する問題を解決して業績向上を実現できる」という経営側の期待は裏切られ、最終的に家業は倒産という結末を迎えることに……。

その後、中小企業を支援する経営コンサルタントに転身することを決意した私は、まさにこの人事評価制度の分野に携わることになります。家業の時代に悩んでいた問題の大半が人や組織に関することで、その解決手段として有効であるという考えを捨てられなかったからです。

すると、「人事評価制度を導入しても手間と時間ばかりかかり効果が出ない」「社員からの不満が増える一方だ」というように、当時の私と同じ悩みを持つ経営者が、思った以上に多いことを目の当たりにします。

そのような会社を数多く支援する中、人事評価制度が本当の意味で機能し効果を得るためには、いくつかの重要なポイントを押さえる必要があることがわかってきました。これらのポイントを押さえなければ、経営者が期待する問題解決や業績向上などは望めませんし、社員も不満を募らせてしまいます。

　本書では、人事評価制度に焦点を当てて、「どうすれば期待した効果が得られるような制度を構築・運用できるのか？」について具体的に解説していきます。本書で紹介する考え方や方法を取り入れることで、経営者が期待する問題解決や業績向上につながり、同時に社員の納得感も得られる制度を構築・運用することができるようになります。

　すでに人事評価制度を導入していて、「期待した問題解決につながっていない」「社員から不満が出てきている」と感じる経営者の方は、本書を読むことで問題の所在がわかり、解決策がみえてくると確信します。また、人事評価制度の導入を検討しているという方にとっても、どういうポイントを押さえる必要があるかがわかる内容になっています。

　本書が、経営者や社員の皆さまの問題解決の一助になれば非常にうれしく思います。

2024年1月　伊東　健

第4章 社員が納得！ 成果を適正に判断する 「期待成果シート」の作成方法 ……………… 85

第5章　人事評価制度を根付かせ、効果を最大にしていくための7つの方法・考え方 ············ 181

....

人事評価制度を

導入したけれど

不満ばかりが

増えてしまった

中小企業の３代目として生まれた私は、高校生の頃から「将来は自分が会社を引き継ぐことになるのかな」と漠然と考えていた記憶があります。当時、社長を務めていた父親の仕事に触れる機会が多かったこともあり、「家業の会社を継ぐこと」に対する疑問はありませんでした。

　私が入社したのは2002年、創業から50年ほど経った頃です。季節物の雑貨品を企画・製造し全国の取引先に販売する事業を展開しており、当時は売上高約20億円、社員数40名程度という規模でした。東京の本社を中心に、数カ所の支店を開設し全国に販売するルートを確立していました。

　今振り返ると、私が入社した頃は経営環境としては非常によい時代だったと思います。

　競合他社とはうまくすみ分けができており、過剰な競争はありませんでしたし、消費自体も好調で安定的に売上を確保できる状況でした。ある意味、「商品を作りさえすれば売れる」というような時期だったのです。

　もちろん、そこに至るまでは簡単だったわけではなく、２代目である父親が事業を引き継いでから、さまざまな挑戦や苦労がありました。中でも、商品ラインナップの拡充や全国への販路拡大に成功したことが転機になり事業基盤の確立につながりました。

　組織体制としては、ベテランから中堅まで比較的社歴が長い社員が多く、定着という面でもうまくいっていました。季節ごと商品を取引先に発送し、販売期間が終わると売れ残った商品が返品されるという一連の流れの中で、社員はルーティン的に業務を進めていました。

　このように、安定的な環境の中で事業を行っていた時期に入社した

私は、自らの担当取引先を持ちながら、経理や人事などの管理業務まで幅広く経験を積むことになります。事業は安定的に成長し続け、私自身もできることが徐々に増えていきました。すべてがスムーズに進み順調な時期だったといえます。

　そんな状況でしたので、「このままやっていけば、３代目として事業を引き継いで経営していける！」とだんだんと自信を深めていったのです。

　しかし、この状況が大きく変わる出来事が起こります。「リーマンショック」です。

　急激な販売不振に陥り、全国の取引先から商品が山のように返品されることになります。それまで安定的だった経営環境が一変し、資金繰りも急激に悪化しました。

　さらに、この頃から競合他社の参入が相次ぐようになり、販売競争が激化していき、今までのやり方のままでは通用しない市場環境になっていきました。

　そのような急激に変化する環境で生き残るために、本業の改善に加え、新しい取り組みを模索し始めます。具体的には、販売・在庫管理システムの導入や新たな生産拠点の開拓、また WEB 販売の立ち上げなどへの着手です。

　このような事業展開に伴い、組織体制や業務の進め方などが大きく変わっていきました。

　すると、以前はなかったようなさまざま問題が発生することになったのです。

中堅社員を抜擢したことで
ベテラン社員とのあつれきが生じる

　本業の改善を進める中で、それまでのアナログで非効率なやり方を変える必要が出てきました。例えば、在庫管理ソフトを導入し、出荷ミスの削減や棚卸業務の短縮化などを図って、業務の精度や効率を高めるという取り組みを実施しました。

　この時に、新たなツールやシステムの導入に抵抗がないという観点から、中堅社員を管理者として抜擢することを決断します。そのほか、大手取引先との折衝や商品の企画というような重要業務についても、中堅社員を中心とする体制に移行していきました。今までのやり方を抜本的に変えていくためには、世代交代が必要であると判断したからです。

　一方、それまで業務を担っていたベテラン社員には、配送や商品管理などの内勤業務を担ってもらうことになりました。これらも重要業務であることには変わりありませんが、どちらかというと、中堅社員が主導する業務を後ろからサポートするような立場になっていきました。

　このような取り組みを進めることで、少しずつ業務改善が進み一定の効果が出てきた点は期待どおりでした。

　一方で、想定していなかった問題が出てきました。それは、ベテラン社員と中堅社員のあつれきです。

　中堅社員が主要業務や新たな取り組みを主導する体制に移行するこ

とで、負荷が増加することは想定していました。それに対して、ベテラン社員がサポートすることで負荷を減らし、全体としてうまく業務が進むことを期待していたわけです。

　しかし、中堅社員からすると、**もともとベテラン社員の部下だったということも影響してか、なかなか業務を依頼しづらいことや、「もっとこうしてほしい」ということを伝えにくい状況が頻発**してしまいました。結果として、中堅社員の業務負担が想定よりも増大することになります。

　一方のベテラン社員からみて、中堅社員の仕事の進め方に対して**注意や指摘をしたいような場面があっても、立場的に言いづらい**というようなことも起こるようになりました。

　このような状況で、両者がお互いに言いたいことを我慢しながら徐々に不満が溜まっていくことになってしまったのです。

若手社員を採用しても１年以内に 退職してしまうことが続き定着しない

　この頃から積極的に若手社員の採用を開始することになります。これは、中堅社員の業務負担を軽減する目的もありますが、若手社員が増えることで停滞した空気が変わっていくことも期待していました。

　当時は、人材を募集すれば、必ず複数名の応募がある状況でした。そのため、毎回数名の候補者を面接した上での採用ができ、採用活動に困ることはありませんでした。

採用後は、一人前になるまで先輩社員とペアを組んで業務を進めてもらっていました。早期に独り立ちし、どんどん難しい業務を担当してほしいというのが経営側としての希望でした。

しかし実際は、せっかく入社しても半年から1年くらいで辞めてしまうことが続きます。そして、退職者が出るとすぐに新たな人員を補充するということを繰り返しました。しかし、結果は同じでした。

ペアとなる先輩社員を変えてみても効果はなく、結局入っても辞めてしまうという流れを止めることができず、なかなか人材の定着が進まなかったのです。

退職していった若手社員たちに、直接その理由を聞くことはできませんでしたが、今振り返ると根本的な問題があったと思います。それは、「**この会社で働いて、将来こういう風に成長していってほしい**」**という方向性が無かった**ことです。若手社員からすると、将来像が見えない中で、雑用的な仕事ばかりが続くと感じたことでしょう。そんな環境では早く見切りをつけられて当然でした。

教える側としても、せっかく教えてもすぐに辞めてしまうという状況に嫌気がさし、人材育成に意欲があった社員もだんだんとやる気を失っていく事態になっていきました。

旧来の考え方を変えることが難しく、経営者の意図した行動につながらない

本業の改善として最も重要なことは、それまでの売上高の追求から

利益率重視へと全社的に意識を変えていくことでした。それ以前は、販路拡大重視のため、より多くの商品を展開し、できるだけ売上実績を作るという方針を掲げていました。消費が好調だったこともあり、方針として間違いではありませんでした。

　しかし、市場環境が大きく変わってしまった当時、より利益率重視の方針に転換していく必要がありました。販売した商品が売れ残ってしまうと、取引先から返品されるのですが、いかにこの返品を少なくするかが利益率向上の課題でした。

　これを達成するためには、社員にそれまでの販売や管理の方法を変えてもらう必要があります。つまり、**今までとは異なる考え方にもとづいた行動を取ってもらう必要がある**ということです。

　このように、利益率重視の方針を打ち出していったものの、それまでのやり方が染みついている一部社員の意識を変えることはなかなか難しい状況でした。もちろん、繰り返し方針を伝えることで、それまでのやり方を変える社員が出てきたことも確かです。

　しかし、会社全体でみれば、まだまだ売上実績を大きくするという意識が強く、結果として目標利益率に到達できない時期が続きました。

　このような問題に対して、当時はどう対処すればよいかわからず日々悩んでいました。

　社員は一生懸命取り組んでいるものの、全体でみるとあまりうまくいかず、結果として経営状況は好転しない、という状況が続いていました。

　そんな中、私はある経営セミナーに参加し「人事制度」という存在を知ります。話を聞いてみると、当時抱えていた問題の解決手段になり得ることがわかりました。制度を通じて**社員に期待する望ましい行**

動を促せるということで、非常に興味が湧きました。社員に対して「もっとこうしてほしい」ということがあっても、うまく伝えられないことが多かったからです。

「新たな人事制度を導入すれば、今悩んでいる問題を解決できるのでは？」と考え、早速付き合いのあった労務コンサルタントに確認しました。

すると、半年程度あれば「人事評価シート」を完成させ、人事評価制度の運用を開始できるとの回答を得ました。できるだけ早く問題を解決したかったため、すぐに依頼することを決めました。

その後、コンサルタントと毎月ディスカッションを重ね、予定通り半年間で人事評価シートが完成しました。この人事評価シートには、コンサルタントから提供されたフォーマットにもとづいて、会社として重視する方針や考え方を落とし込みました。

具体的には、「仕事の出来栄え」「仕事の姿勢」「期待する能力」などの観点から、特に重要な10項目程度を洗い出しました。そして、社員のレベルに応じて初級・中級・上級の３種類を作成したのです。

こうして人事評価シートが完成し、「期待に応えた社員をきちんと評価できるようになって、業績アップも実現できるぞ！」と大きな期待を持ちながら運用の準備に入りました。

早速、人事評価制度の運用を開始することを社内にアナウンスしました。また、評価者となる管理者に対しては、コンサルタントから評価の基本的な考え方や方法を説明してもらいました。

主に評価を担うのは課長以上の５名の管理者で、それぞれが担当するメンバーに対して半年間ごと面談を実施し、人事評価シートに記載された項目に従って評価するという流れでした。そして、その結果に

応じて夏・冬の賞与を自動的に算出する仕組みになっていました。

　大きな期待とともにスタートした人事評価制度でしたが、初めての評価を行ったところ驚きの結果だったのです。

　なぜかというと、経営側からみて**十分な働きぶりをしていると思っていた社員の評価が良くなかった**からです。逆に、**平均的と思っていた社員の評価結果が非常に良い**というようなこともありました。

　「人事評価シートで公平に評価した結果だから、これが正解なのか……」とその評価結果にもとづいて賞与を計算してみました。

　すると、とてもそのままでは支給することはできない結果でした。なぜなら、**前回と比べて極端に賞与額が変動する社員が続出した**からです。

　「このままで賞与を支給すると大混乱するな……」そう考えてやったことは、賞与額の調整です。つまり、**前回の賞与額と比べて大きく差が出る社員の評価を検証し、賞与額を調整**することにしたのです。

　これは骨が折れる作業でした。単に賞与額の調整ならまだしも、管理者が行った評価結果が前提にあるわけです。管理者の評価との整合性を図るため、一人ずつ検証していくうちに、**結局社員全員を再評価するという状況**になってしまいました。最終的に、丸1週間調整のための時間がかかりました。

　「人事評価制度を導入したばかりだからやむを得ない」と考え調整作業を進めました。評価そのものも重要ですが、当初の問題の解決にどれだけつながるかが経営側にとっては重要でした。その解決につながるはずだから、しばらく我慢してやっていこうと考えていたのです。

　しかし、その後数回の評価期間を終えても、問題が解決するどころか、むしろ問題がさらに噴出するという事態になっていきました。

手間と時間がかかり負担が増大した
管理者の不満

　部下の評価をする管理者から、日々の業務の中で人事評価制度を運用する負担が大きいという不満が出てきました。もっと率直にいってしまうと「時間の無駄」ということです。

　当初は、面談や評価そのものが無駄であると考えていたわけではありませんでした。しかしなぜ人事評価制度が時間の無駄と感じてしまったのか。ある管理者は次のように言いました。「せっかく自分たちが評価しても最終的に調整されてしまうので、部下への説明がつかないし、そもそも評価していること自体が無駄になってしまう」ということでした。**賞与額決定のために経営側が最終的な評価を調整することで、管理者が手間と時間をかけて行った評価が無駄になることが不満につながっていたのです。**

　経営側としては「評価結果のまま賞与を支給できるくらいしっかりと評価をしてほしい」ということが本音でしたが、それを指摘すると制度そのものが崩壊してしまいそうでぐっとこらえました。

　結局、「もう少し時間をかけて運用して慣れていけば負荷も減っていく」というようなことを伝えて話を濁すことになりました。

　管理者の評価結果をそのまま賞与額に反映できれば、経営側の手間もなくなり理想的でしたが、実際にはそうできない状況でした。結果として、管理者は評価を行う手間と時間に対して大きな負担を感じるようになってしまったのです。

自分がきちんと評価されていないという若手社員の不満

　若手社員を中心に、「自分がきちんと評価されていない」という不満も聞こえてくるようになりました。

　ある時、若手社員から「評価結果の良し悪しと会社への貢献が直結していない」という意見がありました。どういうことかというと、評価項目に示されている「能力」「姿勢」などでいくら良い評価をとっても、それと会社への貢献は別ではないかということです。

　実際にこんなケースがありました。

　同時期に入社した、営業担当の社員UさんとSさんの話です。

　Uさんは非常に真面目で、日々の仕事を着実にミスなく遂行する一方、販売目標を下回ることがしばしばありました。一方のSさんは、仕事に取り組むスピード感があるものの、大雑把でミスを起こすことが多くありました。ただ、販売目標は常に達成し結果を残していました。

　人事評価シートにもとづいて両者を評価すると、販売目標を達成していないUさんの評価が、達成しているSさんを上回るという結果になったのです。設定した評価項目に従って点数を付けると、どうしてもそのような結果になりました。

　Sさんからすると「結果を出しているのに適正に評価されていない」と感じたことでしょう。その結果が賞与に反映されれば、なおさら不満が募るというのは当然のことだといえます。

結局、Ｓさんは数年で退職することになったのですが、「会社への貢献を適正に評価できていたのか？」という疑問が残ることになりました。

　そのほかの社員も、人事評価シートにもとづいて評価すると「自分がちゃんと評価されていない」と感じることが多かったようで、不満は根深く残っていくことになりました。

期待していた問題の解決や業績向上につながらないという経営側の不満

　人事評価制度を導入することで、当時抱えていた問題解決につながると考えていました。そして、それらの問題を解決した先には、業績の向上を実現できるという大きな期待がありました。

　もちろん、人事評価制度を導入した瞬間に問題がなくなるとは考えておらず、ある程度の時間が必要であることは想定していました。しかし、何回かの評価期間を終えても、**期待した問題解決にはつながらず、業績向上の気配すらない状況**に不満を抱いていました。

　人事評価制度の運用方法に問題があるのかと思い、コンサルタントに依頼して管理者への研修を実施したこともあります。

　しかし、それでも一向に問題解決につながらないどころか、むしろ不満が増大し状況は悪化するばかりでした。実際に、ある社員から直接「人事評価をしても意味がない」と言われたこともあります。

　このような状況だったので、業績の向上は実現できるはずもなく、

販売不振の影響は続くことになりました。

　だんだんと、我々経営側も人事評価制度に対して疑問を持つようになっていき、思い入れが少しずつ薄れていったのです。

　それでも、一度導入した制度をやめるわけにもいかず、運用自体は継続していました。しかし、そんな中途半端な姿勢は伝わるもので、評価する管理者も「点数さえつければいいだろう」というようになってしまいました。

　最終的には、**形だけ運用を継続している**という状態になっていきました。

　結局、最後の人事評価をいつ行ったかは記憶になく、なし崩し的に自然消滅していったのです。

　会社の業績はどうなかったというと……販売不振から立ち直ることができず、さらに悪化の一途をたどります。

　その後も、あの手この手で改善を試みたものの、最終的には倒産という結末を迎えます。もちろん、人事評価制度の失敗がすべての原因であるというつもりはありません。ただ、**問題解決の手段として期待した効果が出なかった**ということは事実です。

　本書をご覧の方はいかがでしょうか？

　問題は違えど、同じように人事評価制度を導入したものの、効果が実感できていないという方がいらっしゃるかもしれません。

　その後、私は縁あって経営コンサルティング会社に転職、多くの会社に人事制度の構築・運用を支援することになります。

　独立した現在も人事制度の構築・運用の支援を行っていますが、今当時を振り返ると「なぜうまく機能しなかったのか？」「なぜ社員の

不満が増大したのか？」ということが明確にわかります。

　人事評価制度を導入する会社が抱えている問題はさまざまですが、すべてに共通していることがあります。

　それは、「今までのやり方を変える必要性が生じた」ということです。

　例えば、「年齢や経験年数にとらわれず、社員に等しくチャンスを与えられる体制に変革するため」というのはよくあるケースです。ほかにも、私の家業のように、「若手社員が定着しない状況を変えるため」「経営方針の転換に合わせた行動を促すため」というようなこともあるでしょう。

　このような問題の解決策として、人事評価制度の活用が有効な手段になると確信しています。

　ただし、いくつかのポイントを押さえることが条件です。

　それを押さえないと、私のように人事評価制度を導入しても失敗すると断言します。実際、当時の私の家業では、人事評価制度の構築や運用で不可欠なポイントをまったく押さえることができていませんでした。

　それでは、本当に効果の出る人事評価制度を構築・運用するには、どのようなポイントを押さえる必要があるのでしょうか？

　次章からその考え方や具体的な方法を詳しく説明していきます。

第 **1** 章

なぜ、多くの会社では
人事評価制度を導入しても
期待した効果が
出ないのか？

1．人事評価制度を導入しても効果が出ない会社の３つの理由

　これまで多くの会社と関わる中で、当時の私が実感したように人事評価制度を導入しても、期待した効果が出ていないという会社が実に多いと感じています。

　創業した時点ですでに人事評価制度を導入していることは通常ないはずです。経営していく中で何らかの問題が生じて、その解決手段として人事評価制度を導入する場合が多いでしょう。

　一例として、よく挙げられる人事評価制度の導入を決断したきっかけを以下に示します。

　　・「社員が増えてきて、経営者が全員の働きぶりをみることが限界
　　　にきた」
　　・「社員の退職が続き、なかなか定着しない」
　　・「経営者が行う評価や処遇の決定に対する不満が出ている」
　　・「管理者が定年を迎えるが、次の候補者が育っていない」

　このように、人や組織に関する何らかの問題が発生して、それらを解決する手段の一つとして人事評価制度の導入を決断することが多いといえます。

　しかし、期待した効果が出ず、ただ運用を継続しているだけの状態になっていることが非常に多いのです。

　せっかく人事評価制度を導入したのに、思ったように効果が出ないのは非常に残念です。人事評価制度を導入する際には、外部の手を借りて多大な時間や費用をかけて構築することもあるでしょう。また、評価や面談など、通常業務以外の負担もかかります。そこまでしたにも関わらず、期待した効果が出ないというのでは大きな損失になってしまいます。

　私は、人事評価制度を導入しても期待した効果が出ていない会社が多い実態をみる中で、「なぜ人事評価制度の効果が出ないのか？」「どうすれば人事評価制度の効果を最大にすることができるのか？」ということを常に考えてきました。

　そして、さまざまな会社の支援を通じて、**図表1―1**のような3つの理由に集約されるということがわかってきました。

図表1―1　人事評価制度が機能しない3つの理由

理由1	人事評価制度の本来の目的が理解されていない
理由2	社員の働きぶりを適正に評価できる制度になっていない
理由3	人事評価制度導入後に検証・改善をしていない

　これから人事評価制度を導入する際には、これらを確実に押さえることが、本当に機能する制度のポイントになります。また、すでに人事評価制度があるという場合でも、それぞれについて検証し、不足部分を対処することで改善していくことが可能です。

　本書では、これらの3つの理由を踏まえて、どのように制度を構築・運用するのかについての具体的な方法を述べていきます。

　その前に、まずはそれぞれの理由について詳しくみていきましょう。

2．理由①：人事評価制度の本来の目的が 理解されていない

　第一の理由は「人事評価制度の本来の目的が理解されていない」ということです。

　先ほど述べたとおり、人事評価制度は何らかの問題をきっかけに導入することが多く、それは会社によってさまざまでしょう。

　この時、以下のようなことが制度導入の目的となり得ます。

・「社員の働きぶりを公平に判断するため」
・「社員へ期待することを明確にするため」
・「次の世代を担う社員の育成を図るため」

　例えば、「社員の働きぶりを公平に判断する」という目的の背景には、「会社が大きくなり、経営者が社員全員を直接評価することが難しく、何らかの不満が出てきている」というような問題が生じていることが考えられます。

　これらは、人事評価制度導入の目的として重要であることには間違いありません。しかし、"本来の目的"として考えると不十分です。なぜなら、上に挙げたような目的は"目先の目的"だからです。

　どういうことかというと、人事評価制度を導入し目に見える問題を解消した先に、経営者が目指すより大きな目的があるということです。

　それは、「会社をどのように発展させていきたいか」「どういう目標

を達成したいか」というようなことです。

　これらを実現することが人事評価制度を導入する本来の目的であるはずです。

　しかし、この本来の目的が社員にしっかりと伝わっていないことが非常に多いのです。この本来の目的が理解されないと「評価して点数を付けること」自体が目的となってしまうことが起こります。これが、人事評価制度が機能しない理由として大きいと考えます。

　通常、人事評価制度を導入すると、社員に期待する成果や行動などを一覧にした人事評価シートを作成します。そして、ある一定期間における各項目の評価を点数として算出し、処遇に反映するという流れになります。

　ここで、人事評価制度を機能させる上で重要なことは、評価する過程にあります。具体的には、人事評価シートで示された期待する成果や行動を振り返り改善することで、結果として期待する効果につながるということです。つまり、「どうすればさらに伸ばしていけるか」「どうすればより改善していけるか」ということを、将来の取り組みに反映していくことが重要だということです。

　この時に、人事評価制度の本来の目的がしっかりと理解されていると、この取り組みの重要性が全社的に共有できることになります。

　すると、「評価して点数を付けること」よりも、その過程に目が向きやすくなります。より良い行動を促していくことが、本来の目的達成につながるということが浸透していくからです。

　結果として、「成果を出すにはどうすればよいか？」というような話し合いを行いやすくなります。こうして、上司は部下に改善してほしいところを伝え、部下もそれを受け入れやすくなるという環境がで

きていくのです。

　一方で、人事評価制度の本来の目的が理解されず、「評価して点数を付けること」が目的になってしまうと、点数の背景にある行動を振り返り、より良くしていくための検証や改善が進みづらくなります。

　そのような状態になってしまうと、いくら人事評価制度を運用しても効果を出していくことは難しいでしょう。

　このように、本来の目的が理解されないまま運用してしまっている典型的なケースを紹介します。

　それは、評価期間終了間際になってはじめて、評価者に人事評価シートを配付しているということです。例えば、評価期間が４〜９月であるときに、９月末間際に人事評価シートを評価者に配付しているような場合です。

　このようなケースでは、必ずといっていいほど「評価して点数を付けること」自体が目的になっています。

　なぜなら、評価期間終了間際に人事評価シートを配付するということは、期中での活動を振り返り、改善していく意識が低いことを示しているからです。もし、人事評価制度の本来の目的が理解されていれば、期中で人事評価シートを参考にしながら取り組みを確認し、より良い行動につなげていく活動が行われているはずです。その代表的な活動が、上司と部下で行う面談といえるでしょう。面談を行うことで、「将来に向けたより良い行動を促し目標達成を目指していく」という共通認識のもと、軌道修正していくことができるのです。

　評価期間終了間際に人事評価シートを配付しているというケースでは、期中の面談も行われていないことがほとんどです。それでは、いくら人事評価制度を運用しても効果が出ないのは当たり前といえるで

しょう。

　私が人事評価制度がうまくいっていない会社から相談を受ける際には、「人事評価制度を通じてどんな目的を達成したいですか？」「人事評価制度を導入する際に、その目的を社員に伝えましたか？　その理解度はどのくらいですか？」ということを必ず確認します。また、社員と話す機会があれば、「人事評価制度は何のために運用していると思いますか？」というような質問をします。

　このような質問から、どの程度本来の目的が理解されているか推測することができます。この時、経営者が考える目的が不明瞭であったり、社員に目的がきちんと伝わっていなかったりすると、人事評価制度がうまく機能していないことがほとんどです。そのような場合は、人事評価制度の設計に着手する前に何らかの対応をします。

　人事評価制度を導入する際には、経営者として「どのような目的のために人事評価制度を導入するのか？」ということを明確にした上で、それを社員が理解できるように伝えることが重要であることを認識してください。

3．理由②：社員を適正に評価できる 評価項目になっていない

　第二の理由は「社員を適正に評価できる評価項目になっていない」ということです。

　一般的に人事評価制度では、社員に期待することを評価項目として

設定し、それらを基準として評価していきます。

例えば、「社員に達成してほしい成果」「成果を創出するための行動」「仕事に向き合う姿勢」などから、特に重視することを評価項目として設定します。

社員は、それらの項目を意識して取り組み、より良い方向に改善していくことで、結果として会社の目的達成につながっていくことになります。この時の取り組みの度合いや結果が、各社員の評価となるわけです。

第二の理由である「社員を適正に評価できる評価項目になっていない」というのは、この評価項目の設計に関することです。

社員を評価した結果は昇給や賞与などの給与に反映されることになるので、公平性を担保することを意識して評価項目を設計することが通常のはずです。

しかし、そのようにして設計した評価項目が原因となり、社員の不満が生じ人事評価制度がうまく機能しないというケースが現実には多いのです。

この理由については、第4章で詳しく述べていきますが、最も大きな要因は"評価項目が定性的であるから"と考えています。

先ほど述べたように、評価項目として採用する対象には「成果」「行動」「仕事に向き合う姿勢」などさまざまなものがあります。これらについて、その指標や定義、評価基準を定めることで、誰が評価しても同じ評価結果にすることが公平性を担保していくという点で重要です。

しかし、定性的な評価項目では主観を排除できず、結果として社員の不満につながってしまうということが非常に多く起こります。

　ここで、定性的な評価項目の例を**図表1―2**に掲載します。

図表1―2　定性的な評価項目の例

評価項目	定義	評価基準	
責任性	与えられた仕事を最後まで投げ出さずにやり遂げたか。	5	極めて優れた水準であった
		4	優れた水準であった
		3	期待する水準であった
		2	やや不十分な水準であった
		1	不十分な水準あった

　このように、定性的な評価項目というのは、文章や言葉による記述が主となる項目を指します。定性的な評価項目は、数値やデータだけでは捉えられない情報やニュアンスを表現する上で有効であるといえます。一方で、主観的な意見や感情にもとづくことが多く、納得感のある人事評価に用いるのが難しい面があります。

　例えば、**図表1―2**で示した「責任性」という評価項目について、上司が部下の取り組みを評価し、面談でフィードバックするとしましょう。

　ここで、定性的な項目の場合、必ずといっていいほど、部下の自己評価と上司の評価結果に認識のギャップが生まれます。このギャップが出ること自体は当然のことで、本質的な問題ではありません。

　問題は、上司が部下の取り組みに対して的確に指摘し、認識のギャップを埋める納得ある説明ができるかどうかということです。

　もし、上司からの指摘や説明に対して部下が納得できなければ、部下のより良い取り組みにつなげていくことは難しいでしょう。部下は表向きには納得している素振りをみせても、心の中では上司からみた

自分の評価やその説明に落胆し、不満を募らせてしまいかねません。

　このように、両者の認識のギャップを埋められないことが続けば、人事評価制度の効果は期待できないでしょう。人事評価制度を運用すればするほど、社内に不満がまん延していくということすら起こります。

　私は、今述べてきたような定性的な評価項目による問題は、非常に多くの現場で起こっていると感じています。

　実際、人事評価制度がうまく機能していない会社の人事評価項目を確認してみると、定性的な評価項目を採用しているケースが多いです。もちろん、定性的な評価項目を用いてうまく運用していることもありますが、実際はそれほど多くないというのが現実ではないでしょうか。

　このような問題を抱えたまま人事評価制度を運用していると、評価される部下からはもちろんのこと、上司からも不満が出ていることがほとんどです。上司としても、定性的な評価項目故に部下へ納得ある評価ができず、評価すること自体が負担となり不満が生じてしまうのです。この状態で人事評価制度を運用し続けることは悪影響しかありません。

　人事評価制度を作る際に、「どのような評価項目を採用すべきか」については、特に注意して設計していかなければなりません。

４．理由③：人事評価制度を導入後に 検証と改善をしていない

　第三の理由は「人事評価制度を導入後に検証と改善をしていない」ということです。

　人事評価制度の効果を出すために最も重要なことは"運用"であるといわれますが、私もまさにその通りと考えています。

　人事評価制度を構築する段階でさまざまな議論を重ね、最適だと考えて設計した内容が、実際に運用してみるとしっくりこないということは必ずあります。それらに適切に対応していくことが、人事評価制度の精度を高め機能させていくために重要です。

　このような背景から、人事評価制度の構築段階で完璧なものを目指そうとするあまり、なかなか進まない会社に対しては、「現段階で100％を目指して膨大な時間をかけるよりも、70〜80％程度の完成度でいいのでスピード感をもって作っていきましょう」とアドバイスしています。

　実際に、ある程度の完成度をもって運用を開始し、その中で出てきた問題点を改善していくほうが、結果として手間も時間も抑えることができるというのが私の実感です。

　実際に人事評価制度の運用を始めてみると、さまざまな問題が出てきます。

　例えば、人事評価シートに盛り込んだ評価項目に従って評価してみると、その評価基準が高すぎて納得感のある評価ができないことがあ

ります。また、評価期間を終え社員の評価を集計してみると、人事評価シートの項目や配点が原因で、特定の部門の評価点が極端に高くなったり、逆に低くなったりすることがあります。

このような人事評価制度の運用の中で出てくる問題に対して、一つずつ対処していくことが、本当に機能する人事評価制度へとブラッシュアップしていくポイントです。

そのほかにも、運用を主導する管理者が感じる悩みや問題を解消していくことも、重要な検証と改善といえるでしょう。

人事評価制度の効果を出していくために、その目的や意義を現場に伝え、日々のコミュニケーションや面談を通じて組織に浸透させていく管理者の役割は非常に重要です。そこで、例えば管理者向けの人事評価者研修を開催し、人事評価制度の目的や評価方法の基本などを定期的に振り返ることは有効な取り組みであるといえます。また、人事評価制度の運用の中で感じる疑問を管理者に確認し、それらに対応することもより良い運用のために重要です。

ここで、人事評価制度導入後に検証と改善を重ね着実な成果につなげているＳ社の事例を紹介します。

Ｓ社はシステム開発や運用保守を手掛ける会社で、５年前に人事評価制度を導入しました。それ以降、毎年管理者向けの人事評価者研修を実施しています。この人事評価者研修には、部下の評価や育成を担う管理者が毎回参加するのはもちろん、新たに昇進した新任管理者も参加しています。

この会社のすばらしいところは、基本を大事にしているということです。評価手法や面談の仕方や個人目標の設定方法など、運用する上での基本的な考え方があります。Ｓ社の人事評価者研修では、それら

について毎回必ず振り返りを行います。実際に部下を評価した後に研修で基本を振り返るというサイクルがあることで、参加者から毎回新しい学びがあるという意見が出ています。

　そのほかにも、研修を開催する前に、人事評価制度に関する問題や悩みについて全社員にアンケートを実施し、そこで多く寄せられた問題についてどのように対応すべきか研修でディスカッションします。

　最近では、「テレワーク社員の適切な評価の仕方」「オンライン面談の有効なやり方」などのテーマを取り上げ、管理者たちがディスカッションした上でどのように対応すべきか、全社的な認識の統一を図りました。

　このような取り組みを毎年実施することで、管理者間の評価基準やイレギュラーなケースへの対応方法などについての共通認識ができ、運用の精度が徐々に高まってきました。

　人事評価制度導入後5年が経った今では、管理者間の評価基準が高いレベルで統一されており、人事評価制度本来の目的である人材育成や経営目標達成を着実に実現しています。

　このように、人事評価制度を導入してから本当の意味で効果が出るまでには、運用の中で出てきた問題への検証と改善が必要になります。

　稀に、人事評価制度が完成した後にすべて現場まかせにし、経営者が問題点についてあまり対処しないケースがあります。そのような運用では、人事評価制度の効果を最大化することは難しいでしょう。

　人事評価制度を導入する際には、運用を始めてからの検証と改善の重要性を理解して取り組んでいくことが重要です。

第2章

「MVV方針」と
「戦略マップ」で
会社の未来像を
社員に浸透させる

1．会社の未来像浸透の重要性とは？

　前章で説明したとおり、人事評価制度の効果がでない第一の理由は、「人事評価制度の本来の目的が理解されていない」ということです。

　この"本来の目的"というのは、人事評価制度を手段として何らかの問題を解決した先にある、「経営者として会社をこういう風にしていきたい」という、より大きな目的であるということを述べました。これが、本章で説明していく"会社の未来像"ということになります。

　会社の未来像をいかに社員に伝え浸透させていくか、ということが人事評価制度を導入する前提として非常に重要です。

　なぜなら、社員が会社の未来像をどれだけ理解できるかにより、自分の役割や日々の仕事に対する捉え方や関わり方が大きく異なるからです。

　通常、人事評価制度を構築する際には、社員に期待する役割や行動などを明確にしていきます。それらについて、会社の未来像が理解されていない状況で伝えたのでは、「なぜそのような役割や行動が求められるのか？」について腑に落ちないということが起こり得ます。

　そうすると、人事評価制度で明確化したことを自分事として捉えることが難しくなります。結果として、「自らの行動を振り返り、より良いものにしていく」という人事評価制度で本来目指す取り組みにつながりにくくなっていきます。

　この点について考えるにあたり、ある寓話を紹介します。

　出所は諸説ありますが、仕事への動機や意義について考える際に取り上げられることがある「3人のレンガ職人」という話です。

　中世のとあるヨーロッパの町を旅人が歩いていました。

　すると、重たいレンガを運んでは積みを繰り返し、何かを造っている3人のレンガ職人に出会いました。

　そこで旅人は、「何をしているのですか？」と尋ねたところ、その3人のレンガ職人は次のように答えました。

　1人目のレンガ職人は、「見ればわかるだろう。親方の命令で"レンガ"を積んでいるんだよ。朝から晩まで俺はここでレンガを積まなきゃいけないのさ。暑くて大変だからもういい加減こりごりだよ」

　2人目のレンガ職人は、「レンガを積んで"壁"を作っているんだ。この仕事は大変だけど、この仕事のおかげで家族を養っていけるんだ」

　3人目のレンガ職人は、「レンガを積んで、"後世に残る大聖堂"を造っているんだ。こんな仕事に就けてとても光栄だよ」

　この話のポイントは、同じ"レンガを積む"という仕事をしているにも関わらず、自分に期待されている役割への捉え方や仕事への動機が、それぞれで全く異なるということです。

　1人目のレンガ職人には、自らの役割に対する使命感のようなものは感じられません。ただ上役に言われたから仕事をやらなければいけないと考えていて、レンガ積みを単なる作業として捉えています。

　次に、2人目のレンガ職人は、レンガ積みという作業を通じた役割を若干は理解していますが、あくまでレンガ積みを家族を養っていくための手段として捉えています。

　最後の3人目のレンガ職人は、「後世に残る大聖堂を造るため」と

いう明確な目的を持っています。レンガ積みという単調な仕事に対して、その先にある大きな目的のためという使命感を持って取り組んでいるのです。

社員に会社の未来像を伝えさえすれば、3人目のレンガ職人のように自らの使命として捉えられるかというと、そんな簡単な話ではありません。しかし、会社の未来像を明確に伝えなければ何も始まりません。

人事評価制度を導入する際には、「どのような制度を設計していくか」ということに真っ先に目が向いてしまうかもしれません。

しかし、その前に、「会社の未来像を社員にしっかりと伝えているか?」「社員にどの程度理解されているか?」ということを確認してください。この段階を飛ばしてしまうと、せっかく人事評価制度を導入しても本当に効果を出していくことは難しいからです。

私が人事評価制度の導入を支援する際には、会社の未来像がどの程度明確で、どういう風に社員に伝えているかを必ず確認します。

そうすると、「経営理念を毎朝唱和している」「毎年度初めに、経営計画発表会を行っている」という風に答える経営者がいらっしゃいます。どんな取り組みを行っているにしても、ポイントは、会社の未来像について「社員がどれだけ内容を理解し、自分事として捉えられているかどうか」です。

例えば、経営者が経営計画書を作成し、新年度のタイミングで発表会を行っているという会社があります。この経営計画書には、経営理念から始まり、新年度に達成すべき目標から各部門のアクションプランまで落とし込まれています。すべての内容を説明していくとかなりのボリュームになり、発表会では数時間かけて経営者や部門長が全社員に向けて説明をするということがあります。

　これは、会社の未来像を伝える一つの方法ではありますが、一方でよく起こることがあります。

　それは、社員がしっかりと理解するには、内容が多岐に渡りボリュームが多すぎるということです。また、どちらかというと経営的視点の話が中心で、社員が自分事として捉えることが難しい面があるのです。すると、その場では理解したとしても、日々の忙しさからだんだんと意識が向かなくなっていき、結果として組織に浸透しないということがよく起こります。

　もちろん、このような経営計画書の発表会では、さまざまな工夫をして社員が理解しやすいように伝えている会社も多く、すべてを否定するわけではありません。

　しかし、私の経験からいうと、経営計画書の内容が社員の自分事になるレベルで伝わっているケースはなかなかありません。

　ほかにも、何らかの形で会社の未来像を伝えることがあるでしょう。その際、「社員がどれだけ内容を理解し、自分事として捉えられているかどうか」が重要なポイントであることを確認してください。

2. 会社の未来像を浸透させるポイントは "シンプル" & "ストーリー"

　では、会社の未来像を社員が理解し、組織に浸透させていくにはどのようにすればよいのでしょうか？

　そのポイントは "シンプル" に作成し、"ストーリー" で伝えると

いうことです。

どういうことか説明していきます。

まず、シンプルに作成するということですが、これは、「会社の未来像として表現すべき内容をそぎ落とし、特に重要なポイントに絞る」ということを指します。

会社の未来像をしっかりと伝えようとするあまり、多岐に渡る多くの情報を盛り込んでしまうことがあります。そうすると、むしろ深く理解することが難しくなることがほとんどです。一度に処理できる情報には限界があるからです。そこで、会社の未来像を伝える際には、特に重要な部分にフォーカスし、複雑な説明を避けることで、社員が重要なポイントを確実に理解できるようにする必要があります。

次に、ストーリーで伝えるということですが、これは、「会社の未来像を一定のフレームワークに落とし込み、情報の関係性や道筋を明確にする」ということです。単に文字情報を並べるだけではなく、フレームワークを用いて情報の関係性や道筋を示すと、より理解しやすくなります。

ここから、会社の未来像をシンプルに作成し、ストーリーで伝えるために有効な2つのフレームワークを紹介していきます。

3. 会社の未来像が一目瞭然になる「MVV（ミッション・ビジョン・バリュー）方針」

(1) 「MVV方針」とは？

　会社の未来像を端的に示す有効な方法として、「MVV方針」という考え方を紹介します。

　「MVV方針」とは、以下のようにミッション（Mission）・ビジョン（Vision）・バリュー（Value）の頭文字を取ったものです。

　それぞれについて説明していきます。

　まず、ミッションについてですが、これは「会社がどのような役割を果たしているのか？　なぜ存在しているのか？」という存在価値や存在意義を簡潔に示したものです。会社がどのような価値を提供しているのかを簡潔に表現することで社員の共感を促し、共通の目的に向かって進んでいく動機にもなるものです。

　次は、ビジョンについてですが、これは「会社が将来的に目指すべき理想の状態や達成すべき目標」を具体的に表したものです。例えば、3カ年ビジョン、5カ年ビジョンというように一定の期間内に達成を目指す目標を示すことで、中長期的な視点で取り組んでいくための指標になります。

　最後はバリューについてですが、これは「ミッションやビジョンの実現に向けて、会社が大切にする基本的な価値観」であり、経営者を含めた会社全体の行動や意思決定の指針となるものです。社員にとっ

てはミッションやビジョンよりも身近なものであり、日常の業務遂行や決め事の基準となります。

　これらをまとめると**図表2－1**のようになります。

図表2－1　「MVV方針」

Mission（ミッション）	存在価値
Vision（ビジョン）	未来目標
Value（バリュー）	行動指針

⑵　経営理念との関係性

　この「MVV方針」と密接に関連する概念として「経営理念」があります。ここで、両者の考え方について整理しておきましょう。

　「MVV方針」と「経営理念」は互いに関連し合うもので、重複する考え方や方向性を含むものです。両者の関係性をみてみると、「経営理念」が「MVV方針」を包括する上位概念であるといえます。

　一般的に「経営理念」は会社としての究極的な理想を示すものであり、不変的な性質を持つものです。

　一方で、「MVV方針」は会社の置かれている状況によって見直しや更新が行われることがあります。例えば、会社の置かれている状況により、3年後や5年後のビジョンが変わることがあります。

　図表2－2のように、会社の究極的な理想である「経営理念」を前提として、「MVV方針」を段階的に落とし込むようにしていくと考えやすいでしょう。

図表2―2 「経営理念」と「MVV方針」

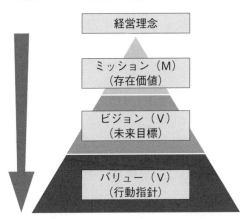

(3) 「MVV方針」の作り方

　「MVV方針」は、経営者が社員に示す会社の未来像であり、その意味で経営者が中心となり作成することが望ましいといえます。

　ここでは、参考として**図表2―3**の手順に従って「MVV方針」を作成する方法を紹介します。

図表2―3 「MVV方針」の作成手順

ステップ1	「MVV方針」に盛り込みたい考えや想いについて、アイデアベースでできる限り多くの内容を付箋に書き出していく。
ステップ2	書き出したキーワードを、ミッション・ビジョン・バリューのどれに当てはまるかという観点でグルーピングする。
ステップ3	グルーピングしたキーワードの取捨選択や統合を行い、一つの言葉としてまとめていく。

ステップ1では、「MVV方針」に盛り込みたい考えや想いについて、アイデアベースで、できる限り多くの内容を書き出していきます。この段階では、「実現可能かどうか？」「現実的かどうか？」ということは考えず、なるべく多くのキーワードを出していくことがポイントです。

　次のような質問を活用すると、考える手助けになるでしょう。参考として掲載します。

● 「MVV方針」作成のための質問集

・なぜ私たちの会社は存在しているのか？

・私たちは顧客や社会にどのような価値を提供しているのか？

・私たちの会社の「らしさ」はどういうことか？

・今後、私たちのどんな強みや特徴を高めていきたいか？

・今後、10年間で業界にどのような変化があると思うか？

・何でも実現できるとして、10年後にどんなことを実現していると社員は喜ぶと思うか？

・5年後、10年後、私たちの会社はどんな進化を遂げていると思うか？

・私たちの会社が最も大切だと考えることは何か？

・これまで会社が発展してきたのは、どんな価値観にもとづいて行動してきたからか？

・競合他社と比べて私たちの会社が持っている特徴的な価値観は何か？

　これらの質問に答えながら、1枚の付箋に1個の考えや想いを記入

していきます。すべての質問に答えていくと、付箋が一定のボリュームになるはずです。

　ステップ2では、書き出したキーワードそれぞれについて、「ミッション・ビジョン・バリューどれに該当するか？」という観点でグルーピングしていきます。

　すると、方向性が近いキーワードが集約され、「MVV方針」として表現する大きな枠組みがみえてくるはずです。その後、全体を俯瞰してみて、新しい考えや想いが出てくることがあれば、また付箋にキーワードを追加しておきます。

　最後のステップ3では、グルーピングしたキーワードを一つの内容にまとめていきます。

　経営者を中心に複数のメンバーで検討しているのであれば、キーワードそれぞれの背景にある考えや想いについて共有し、参加者間で議論を重ねていきます。そして、共有と議論をしていく中で、キーワードの統合や排除をしていきます。

　このような検討を行いながら、「MVV方針」として示す具体的な言葉や文章をまとめていきます。細かい表現で迷った場合には経営者が決定を下すとよいでしょう。

　もし、ここまでの手順を踏んでも「MVV方針」が定まらないという場合は、改めてステップ1から進めていきましょう。経営者として納得できる内容になるまで検討を重ねることが重要です。

　最終的には、**図表2—4**のようにA4の紙1枚に収めることができる分量になるはずです。それ以上になるという場合は、まだ内容として不必要なものがあり、十分にそぎ落とされていない可能性が高いといえます。

完成後は、文言や文章が"シンプル"に表現されているか、また、経営理念からバリューまでが段階を踏んで"ストーリー"となるように落とし込まれているか確認しましょう。

図表2－4 「MVV方針」の例

経営理念	・伝統的な技術を継承しながら、人々の生活を豊かにするモノづくりを追求する。
ミッション (存在価値)	・金属加工に関するソフト・ハードの技術を磨き続け、次の時代につないでいく。
ビジョン (未来目標)	・20XX年までに新工場を設立し、地域の雇用創出と経済発展に貢献する。
バリュー (行動指針)	・できない理由ではなく、どうすればできるかを考えよう。 ・クレーム対応こそ迅速に行おう。 ・新しい仕事に積極的に挑戦しよう。 ・チームワークを大事にしよう。 ・5Sを徹底しよう。

4. 会社の未来像実現までの過程をストーリーで伝える「戦略マップ」

(1) 「戦略マップ」とは？

ここまで説明してきた「MVV方針」には、経営的な視点や抽象的な表現で示される内容があり、社員自らの活動とどう関連するのかイメージしづらい場合があります。

そこで、会社の未来像を実現するまでの過程を、より具体的な活動

と関連づけて捉えるために「戦略マップ」というフレームワークを活用します。

　「戦略マップ」とは、ある大きな目標を実現するためのフレームワークであり、「バランススコアカード（※）」というコンセプトの中で紹介されているものです。

※「バランススコアカード」とは？

　「バランススコアカード」は、会社や組織の目標を実現するための管理ツールであり、組織のパフォーマンスを評価・管理するフレームワークとして用いられるものです。

　従来の管理手法が財務的指標に重点が置かれていたのに対し、「バランススコアカード」は「財務」に加え、「顧客」「業務プロセス」「人材・成長」の4つの視点から組織のパフォーマンスを管理します。

● **財務の視点**

　経営の結果を示す視点であり、売上や利益など経営数値を中心に考えます。以下の3つの視点に関する結果が最終的に表れてきます。

● **顧客の視点**

　顧客に対して、どのように関係を築き、維持・深化させるかという視点です。自社の商品・サービスの価値を高めていくために、顧客満足度やクレーム数などを指標として管理していきます。

● **業務プロセスの視点**

　会社・組織の内部的な業務プロセスの質や効率を判断する視点です。業務プロセスの質が高く、かつ効率的に運用されていれば、顧客への商品・サービスの質やコスト面での競争力向上につながります。

● **人材・成長の視点**

　会社や組織が長期的に成功するための土台を構築する視点です。社

員が新しいスキルや知識などを習得することで実現する組織全体の成長や進歩に焦点を当てています。

　この４つの視点をバランスよく進めることで、会社・組織は持続的に発展し目標達成に近づいていきます。「バランススコアカード」の利点は、会社・組織の方向性を明確にするとともに、それを日常の業務や活動に落とし込むことができる点にあります。これにより、会社・組織全体が同じ方向に進んでいくことが可能になります。

　例えば、「MVV方針」を作成すると、売上高や利益率などの数値で表される経営目標を設定することがあります。これらは、具体的な指標であり、会社が何を目指しているかについては明確に理解できるでしょう。しかし、この目標値のみでは、各人の日々の業務とどのようにつながっているのかわかりにくいことがあります。

　そこで、**図表２―５**のように「財務」「顧客」「業務プロセス」「人材・成長」という４つの視点で整理すると、どのような段階を経て、最終的な目標を達成していくのかを明確に示すことができます。

　具体的には、まず「人材・成長」に関連する活動が「業務プロセス」で示される活動に影響を与えます。そして、「業務プロセス」で示される活動が「顧客」に関連する結果に影響を与えます。さらに、「顧客」に関連する結果が、最終的に「財務」に関連する結果として段階的に影響を与えていくことになります。

　これらの関係性について、その因果関係を矢印でつないでいくことで、会社の活動の方向性や優先順位が一目瞭然になります。

　社員にとっては、自らの活動に大きく関わる「業務プロセス」と「人材・成長」の視点に描かれた内容に取り組むことで、最終的な経営目標達成につながることが理解しやすくなるのです。

　結果として、単に経営目標を数値のみで伝えるよりも、自らの活動にどう関連するかがわかり、自分事で捉えやすくなるわけです。

　図表2―5に「戦略マップ」のイメージ図を示します。

図表2―5　「戦略マップ」のイメージ図

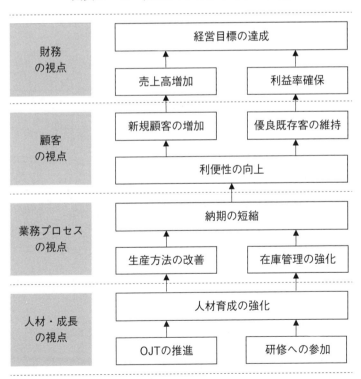

⑵ 「戦略マップ」の作り方

　「戦略マップ」も「MVV方針」と同様に、経営側から社員に対して示す未来像であり、経営者を中心に作成していくとよいでしょう。

　参考として、「戦略マップ」を作成する手順を**図2−6**に示します。

図表2−6　「戦略マップ」を作成する手順

ステップ1	会社・組織が目指す最終的な目標を明確にする。すでに「MVV方針」を作成していれば、ミッションやビジョンが関連することが多い。
ステップ2	ミッションやビジョン実現のための主要な目標や活動を洗い出し、「財務」「顧客」「業務プロセス」「人材・成長」の視点に割り振っていく。
ステップ3	各視点に割り振られた目標や活動が、それぞれどのように影響するのか因果関係で示していく。

　「戦略マップ」の作成においては、各項目の目標数値やアクションプランまで明確にしていくことがあります。

　本書では、会社の未来像をシンプルに作成しストーリーで伝えることを目的とした、簡易的な「戦略マップ」を作成する手順を紹介します。会社の状況や必要性に合わせて情報を追加していくことは問題ありません。

　それでは、「戦略マップ」の具体的な作成方法について、上記手順に従って説明していきます。

　まずステップ1では、会社・組織が目指す最終的な目標を明確にしていきます。

　すでに「MVV方針」を作成していれば、ミッションやビジョンが

関連することがあります。特にビジョンは、定量的な経営目標を設定することが多く、最終的に目指す目標になり得るでしょう。最終的な目標を具体的に定めることで、「戦略マップの各視点で何に取り組むべきか」ということを検討しやすくなります。

ステップ2では、明確にした最終的な目標を実現するために、どのような目標達成や活動を推進すべきかについて洗い出していきます。

この段階では、「財務」「顧客」「業務プロセス」「人材・成長」のどの視点に該当するかは考えずに、どのような目標や活動が必要かについて考えていくとよいでしょう。一通り具体的な目標や活動を洗い出したら、それぞれが「財務」「顧客」「業務プロセス」「人材・成長」のどこに該当するか割り当てていきます。

ステップ3では、分類した目標や活動それぞれについての因果関係を考えていきます。

例えば、顧客の視点で「リピート率UP」という目標を設定したとします。この時、「リピート率UP」を達成するには、業務プロセスの視点では「短納期化」が必要であるとします。さらに、「短納期化」を実現するためには、人材・成長の視点で「多能工化」が必要になるというように、段階的に考えていきます。

このように、各視点の目標や活動を因果関係でつなげていくことで、最終的な目標までの達成の過程を明確に示していくことが可能になるのです。

ここまでの手順に従い作成した「戦略マップ」の例を**図表2−7**に示します。

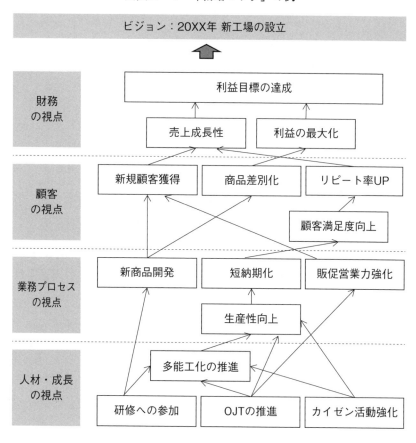

図表2－7 「戦略マップ」の例

5. 会社の未来像を経営者が一貫した メッセージとして伝える重要性

　ここまで、「MVV方針」と「戦略マップ」についての考え方や作

成方法を説明してきました。両者の例を示したように、それぞれＡ４の紙１枚程度で十分に収まるはずです。

　先に述べたように、「MVV方針」と「戦略マップ」は、会社の未来像を"シンプル"に作成し"ストーリー"で伝えるためのツールです。そこで、これらを完成した後は、どのように伝えるかについて考えておくことも重要です。

　これに関連して、あるアンケート結果を**図表２―８**に示します。これは、自社の経営理念やビジョンが「全体的に浸透している」と回答した経営者が、経営理念やビジョン浸透に向けて重要と考えることを示したものです。

　この結果で最も多かった回答は、「経営者からの積極的なメッセージの発信」となっており、経営理念やビジョンを会社に浸透させていくために、自らの言葉で伝えていくということが経営者の重要な役割であることを示しています。

図表２―８　経営理念・ビジョンの浸透に向けて重要と考えること

経営理念・ビジョンが「全体的に浸透している」と回答とした経営者が、
経営理念・ビジョンの浸透に向けて重要と考えること（※複数回答）

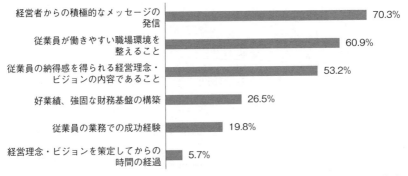

経営者からの積極的なメッセージの発信	70.3%
従業員が働きやすい職場環境を整えること	60.9%
従業員の納得感を得られる経営理念・ビジョンの内容であること	53.2%
好業績、強固な財務基盤の構築	26.5%
従業員の業務での成功経験	19.8%
経営理念・ビジョンを策定してからの時間の経過	5.7%

＊中小企業庁「中小企業白書2022年版」を参考に筆者が作成

この結果が示しているように、会社の未来像を浸透させていくためには、経営者からの発信が非常に重要です。

　私自身、会社の未来像を社員に伝える場に立ち会うことがあります。その際、「MVV方針」や「戦略マップ」の考え方を説明することはありますが、具体的な内容は必ず経営者から直接説明してもらうようにしています。

　会社の未来像となる「MVV方針」や「戦略マップ」を作成すると、言葉や文章だけでは表現できない、背景にある考えや想いが必ずあるはずです。その部分を含めて、経営者が直接説明しなければ、社員が理解し浸透させていくことは難しいと考えています。

　もう一点重要なことがあります。

　それは、会社の未来像について、「MVV方針」や「戦略マップ」を用いて、一貫したメッセージとして伝え続けていくことです。もちろん、経営環境に合わせて新たにビジョンを設定することや、具体的な目標の変更をしていくことは問題ありません。

　ここでのポイントは、「MVV方針」と「戦略マップ」を会社の未来像を伝えるツールとして一度定めたならば、それを使い続けるということです。

　社員としては、説明を受ける機会が増えることで、どのような内容を示しているかについて理解が進むことでしょう。そして、時間が経つにつれて、会社の未来像実現に向けて自らの活動がどのように関連しているかについて考えることが増えていくはずです。

　私が関与している金属加工業のＡ社では、さまざまな場面で「MVV方針」と「戦略マップ」を用いて説明することで、会社の未来像の理解、浸透に成功しています。

　元々 A 社では、将来へ向けた課題や取り組みについて、経営者が直接説明することを重視してきました。例えば、経営方針発表会を毎年開催し、その年の目標や取り組むテーマを全社員に向けて発表していました。

　このような取り組みから、経営者としては一貫したメッセージを発していたと考えていました。しかし、社員からすると「会社の方向性は何となくわかるが、具体的に日々の業務で何をしていけばいいのか？」ということの理解までは進んでいなかったのです。

　そのような状況の中、人事評価制度の導入に合わせて「MVV 方針」と「戦略マップ」を作成し、会社の未来像について一貫した説明をしていくと決断しました。

　年度初めの方針発表会や月次会議に加え、朝礼や日常業務の中で繰り返し説明を重ねました。社員としても、多くの場面で一貫したメッセージとして受け取ることができ、内容もシンプルでストーリーとして理解できるものでした。この活動を繰り返すことで、社員も徐々に自分事として捉えることができるようになっていったのです。

　経営者自身も「MVV 方針と戦略マップを用いて会社の未来像を伝えることで、一貫したメッセージを伝えやすくなった」と手ごたえを感じており、取り組みを継続しています。

　このように、人事評価制度を導入する前に、人事評価制度の本来の目的、つまり会社の未来像がどれだけ社員に理解されているかということが非常に重要です。その方法として、本章では「MVV 方針」と「戦略マップ」を用いて、会社の未来像をシンプルに作成し、ストーリーで伝える方法について説明しました。

第 **3** 章

会社の未来像実現に
必要な人材像を明確にする
「人材ビジョン」
「役割スキル要件表」

1．人事評価制度のガイドラインとなる「人材ビジョン」を作成する

　ここから、人事評価制度の構築方法について説明していきます。

　まず、「人材ビジョン」を作成していきます。これは、人事評価制度そのものというよりは、構築するためのガイドラインになるものです。

　あらかじめ「人材ビジョン」を作成しておくと、後々の人事評価制度を検討する際に役立ちます。

⑴ 「人材ビジョン」とは？

　前章では、会社そのものに焦点を当てて、会社の未来像を効果的に伝えるための方法を説明してきました。これに対して、「人材ビジョン」は社員に焦点を当てた考え方になります。

　人事評価制度を構築する際には、「社員のどのような成果や行動を評価していくか」について具体的に定めることになります。「人材ビジョン」は、この時のガイドラインになるものです。「人材ビジョン」をあらかじめ明確にしておくことが、人事評価制度の公平性や納得性を高めるポイントになります。

　「人材ビジョン」を一言で表すと、「会社の未来像実現のために期待される人材像」ということです。会社にはさまざまな人材が集まり、会社の未来像実現という共通の目的達成に進んでいくことになります。その時、「こういう人材に集まってほしい」「こういう人材に成長

してほしい」ということを具体化しておくことで、人事評価制度で評価し報いるべき社員のガイドラインになるわけです。

「会社の未来像実現のために期待される人材像」といっても、人によりさまざまなイメージを持つことでしょう。そこで、後に述べるような切り口で明確化することで、人事評価制度を検討するメンバーが複数いた場合でも、そのメンバー間での認識を統一することができます。

実際に、人事評価制度を構築する際には、経営者を中心として幹部社員が参加して検討することも多く、メンバー間での意見の相違や対立が起こることが多々あります。このような時に、人事評価制度を構築する際のガイドラインとなる「人材ビジョン」に立ち返ることで、メンバー間の迷いや認識のギャップを解消することができます。そうして、メンバー全員が共通の認識のもと、より建設的な議論や意志決定をすることが可能になるわけです。

例えば、人事評価制度の検討を進めていくと、「ある社員の悪い部分ばかりに目が向く」ということがあります。すると、日常のあいさつが不十分であるとか、整理整頓ができていないなど、一部社員の好ましくない点ばかりに焦点が当たり、それを正すための評価項目が多くなってしまうことがあります。

もちろん、これらも大事な要素ですので何らかの形で盛り込んでいくことは問題ありません。しかし、悪い部分を正すためという意識が強くなってしまうと、人事評価制度自体が窮屈なものになってしまい、本来の目的からだんだんと外れていってしまうということが起こります。

このような時に、常に「人材ビジョン」に立ち返ることを意識して

おけば、「会社の未来像実現のために期待される人材像」にもとづいた適切な評価項目を定めていくことができます。

このように、「人材ビジョン」は人事評価制度の基盤となるものであり、その作成とメンバー間での共有は、より効果的な制度構築のための鍵となります。

⑵　「人材ビジョン」の考え方

ここからは、どのように「人材ビジョン」を作成するかについて説明していきます。

「人材ビジョン」の体系図を**図表3-1**に示します。ここに示した観点が、「人材ビジョン」を構成する具体的な切り口になります。

図表3-1　「人材ビジョン」の体系図

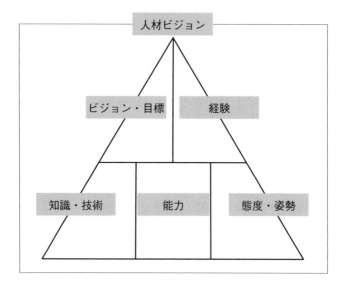

それぞれについて、「会社の未来像を実現するためにどのような資

質を備えてほしいか？」というように考えていくとよいでしょう。「人材ビジョン」は、人事評価制度を構築する大枠の方向性を確認するためのものですので、ある程度抽象的な表現で問題ありません。

　以下に、それぞれの観点についての説明や例を挙げていきます。

① ビジョン・目標

　「ビジョンや目標達成に向けてどのように進んでいってほしいか」という観点です。会社の未来像実現のためには、社員が自らの役割や担当組織の中でビジョン・目標を掲げ、他のメンバーとともに進んでいくことが重要です。

＜例＞

・ビジョンや目標実現に向けて日々の仕事の意義をメンバーに伝えられる。

・メンバーを巻き込んでビジョンや目標達成へ向けて取り組んでいる。

・ミッションやビジョン実現に向けて、担当組織の目標設定・活動推進ができる。

② 経験

　会社での業務を通じて「こういう経験を積んでいてほしい」という観点です。会社の未来像実現のためには、単に業務を遂行するだけではなく、その中で重要になる経験というものがあるはずです。

＜例＞

・メンバーを巻き込んでプロジェクトを完結したことがある。

・新しい企画やアイデアを提案したことがある。

・社内研修やワークショップを企画・実施し、チームのスキルアップに貢献したことがある。

③　知識・技術

　「どのような知識や技術を有してほしいか」という観点です。会社の強みを発揮することや業務を滞りなく進めるために求められる知識や技術を明確にします。そのほかにも、特定の業務を行うための認可や受注するために必要な資格など、特に重要なものがあれば、ここに記載しておきましょう。

＜例＞

・溶接加工技術についての原理原則を知っている。

・生産管理の知識を有している。

・マーケティング戦略を策定することができる。

④　能力

　「業務を行う中でどのような能力を発揮してほしいか」という観点です。例えば、会社において求められる能力として、問題解決力・コミュニケーション力・リーダーシップなどがあるでしょう。会社の未来像実現のために、これらの能力をどのように発揮してほしいかという視点でまとめていきます。

＜例＞

・チームメンバーの一体感を高めるコミュニケーション力。

・相手のニーズを理解し、お互いの利益を最大化する交渉力。

・困難な状況でも冷静に方向性を定め、メンバーを導くリーダーシップ。

⑤　態度・姿勢

　「仕事に対してどのような態度や姿勢で取り組んでほしいか」とい

う観点です。会社によって望ましいと考える態度や姿勢が必ずあるは
ずです。例えば、「失敗を恐れてやらないよりは、多少のリスクを取っ
ても挑戦する姿勢」というように、その会社の経営方針や事業を進め
る上において重視する内容をまとめます。

＜例＞

・変化を恐れず新しいことに積極的にチャレンジする姿勢。

・たとえミスや失敗をしても逃げずに対処する態度。

・一貫してルールや原則を守る堅実な姿勢。

⑶　「人材ビジョン」の活用方法

　次は、「人材ビジョン」をどのように活用するかについてみていき
ます。

①　社員自身のさらなる成長の指針とする

　「人材ビジョン」は、各観点における最も望ましい、理想的な社員
像を示しています。

　そのため、現行の社員と照らし合わせると、すべての資質を有し完
全に体現できている社員は存在しない可能性が高いです。これは、「人
材ビジョン」が各資質を極めた完璧な人材像のようなイメージである
以上、ある意味当然のことです。

　このように考えると、新入社員から管理職まで、どのポジションで
あっても「人材ビジョン」の実現に向けて、さらなるレベルアップを
していく余地があるということになります。

　そこで、「人材ビジョン」を社員自身の成長の指針とすることで、
「どのような資質を身に付ける必要があるのか」「どのようなレベルが

求められているのか」ということが理解できるようになります。

② 人事評価制度の構築段階で迷った際の指針とする

先に述べたように、人事評価制度を構築する際には、判断に迷う場面が必ず出てきます。特に複数のメンバーで検討する場合は、それぞれの考え方や価値観、経験などが異なることで意見の相違や対立が起こることが多くあります。

このような時に、「人材ビジョン」を人事評価制度のルール作りの指針とすることで、検討の方向性を一致させることができます。特に、後述する「役割スキル要件表」や「期待成果シート（人事評価シート）」を検討する際に大いに役立つことでしょう。メンバーの意見がまとまらない時や意志決定が困難な場面で、「人材ビジョン」に立ち返ることで、メンバー間に判断の軸を設けることができます。

私自身、複数のメンバーとともに人事評価制度を構築する際には、「人材ビジョン」を頻繁に振り返るようにしています。人事評価制度を検討していくと、だんだんと視野が狭くなることや特定の社員ばかりをイメージしてしまうことで、内容に偏りが出てくることがあります。そうすると、人事評価制度としてうまく機能しない可能性が出てきてしまいます。そこで、議論が停滞した時や意思決定に迷う場面で「人材ビジョン」を再確認することで、議論の方向性や内容の偏りを正すことができるのです。

③ 教育や研修の指針とする

「人材ビジョン」は社員自身のさらなる成長の指針となるということを述べました。この時、社員からすると理想的な姿が理解できても、

具体的にどうすればそこに到達できるか悩むことがあります。

　そこで、「人材ビジョン」を全社的な教育や研修の指針とすることで、社員の成長の後押しとすることができます。

　「人材ビジョン」の中でも、「知識・技術」「能力」「態度・姿勢」については、教育や研修がその習得や理解に有効であることが多いでしょう。例えば、製造業や建設業などにおいては、具体的な資格や技術を明確に示している場合が多くあります。その習得を促すような教育体系や研修プランを作成し実践することは、社員のレベルアップを着実に後押しします。

　このように、「人材ビジョン」を教育や研修の指針とすることで、会社の長期的な成長や競争力の向上に貢献する人材の継続的な育成に役立てることができます。

2. 社員に期待することを言語化し社内の 　　階層を作る「役割スキル要件表」とは？

⑴　「役割スキル要件表」とは？

　「人材ビジョン」を作成した後に、いよいよ人事評価制度の構築に進んでいきます。

　まず作成するのが、「役割スキル要件表」です。これは一言でいうと、「社員に期待する役割、その遂行に必要となるスキルを一覧化したもの」です。

「役割スキル要件表」は、いわゆる等級制度（※）の考え方にもとづいています。以下の説明のとおり、等級制度の基準にはいくつかの考え方がありますが、そのうち、役割や知識・能力などに着目するのが「役割スキル要件表」です。

※等級制度とは？

　等級制度とは、組織内の社員を何らかの基準にもとづいてランク付けする制度です。このランク付けは、社員の職責、能力、組織への貢献など、会社の考え方や方針によって、さまざまな基準にもとづいて行われます。

　等級制度は人事制度の根幹となるもので、人事評価や賃金決定のルール、また昇進の方針など、多岐に渡って関連していきます。例えば、等級ごと人事評価項目の内容や難易度が変わることや、等級によって基本給水準が異なるということがあります。

　参考として、以下に代表的な等級制度の基準を示します。

・職能基準

　社員が持つ知識や能力などを基準とするものです。例えば、仕事において求められる「プレゼンテーションスキル」「プロジェクト管理力」などがあります。また、「コミュニケーション力」「リーダーシップ」というような、個人の特性に関することも含まれます。

・役割基準

　社員が会社の中で果たすべき役割や責任の大きさを基準とするものです。例えば、入社直後は、「上司の指示のもと基本的な仕事を行う」「会社の基本的な規則やルールを覚える」などが期待されることが多いでしょう。そして、だんだんと「難易度の高い業務を単独で行う」「チームをまとめて成果を出す」というように役割や責任の度合いが

大きくなっていくはずです。

・職務基準

　社員が行う具体的な業務内容を基準とするものです。会社の中の職種やポジションについて、職務の価値・レベルを判定します。この判定のために「ジョブディスクリプション（職務記述書)」を作成し職務情報を明文化するのが一般的です。

　このように、等級制度を作成することで組織全体に公平かつ明確な基準を設定することができます。

　まず、「役割スキル要件表」の参考フォーマットとして**図表３—２**を掲載します。このフォーマットに従い、各項目の概要を説明していきます。

　縦軸には、職層として「初級職」「中級職」「上級職」が記載されており、それぞれに対応するステージを設定する形になっています。例えば、「初級職」はステージ１〜２、「中級職」は３〜４、「上級職」は５〜６というように、同じ職層の中でも社員の役割や能力の高まりを反映できるように複数の段階を設けることが一般的です。

　横軸には、期待される役割として「業績・成果面」「業務遂行面」「マネジメント面」の３つのカテゴリが設定されています。これらは、各ステージの社員にどのような役割を期待するかということを示しています。

　ここでは、「業績・成果面」「業務遂行面」「マネジメント面」の３つの観点から期待される役割を定めていますが、社員が担う役割はそのほかにもさまざまあります。そのため、この３つのカテゴリ以外に

重視する役割があれば、項目を追加するとよいでしょう。

次は、必要なスキルです。ここで、"スキル"とは「学習や訓練をして習得したもの」という意味合いで用いています。これは、会社の中で期待される役割を果たすために必要な能力・知識・技術など幅広い概念を含んでおり、社員が成長していくための具体的な基準になるものです。

最後の対応役職では、各ステージに対応する役職を定めていきます。通常、上位役職になるほど期待される役割や、その遂行に必要なスキルのレベルは高くなります。

そのため、ステージと役職は密接に関連します。つまり、ステージが上がるほど上位役職と対応するということです。

図表3―2　「役割スキル要件表」の参考フォーマット

職層	ステージ	期待役割			必要なスキル	対応役職
		業績・成果面	業務遂行面	マネジメント面		
上級職						
中級職						
初級職						

⑵ 「役割スキル要件表」を作成する目的とは?

それでは、「役割スキル要件表」をなぜ作成するのか、その目的に

ついてみていきましょう。

① 社員への期待値を明確にするため

　社員に対して、「会社の中でどのような役割を担ってほしいか？」「仕事を進める上でどのようなスキルが求められるか？」という期待値を示すということです。

　この期待値はステージによってレベルが異なるはずです。例えば、初級ステージの新入社員には、「基本的な業務を理解し指示通り業務遂行をする」ということが期待されるでしょう。一方、上級ステージの部長に対しては、「部門をまとめ、業績向上を達成する」「経営者の方針を組織全体に浸透させる」などが期待されるのではないでしょうか。

　このように、社員それぞれに期待する役割や能力は、在籍しているステージによって異なるはずです。

　社員の視点からすると、各ステージに明文化された内容をみることで、将来的なキャリアアップのイメージを持つことができます。具体的には、「今の自分に何が期待されているか？」「将来さらにステップアップしていくために、どのような役割が求められるのか？」ということを認識できるようになります。

② 個人目標を設定する際の基準とするため

　人事評価制度では、社員が自らの現状や課題を踏まえた個人目標を設定し、その取り組み結果を評価として反映することがあります。この個人目標の前提には、「全社や組織目標などの上位目標を達成するため」という目的があります。

ここで、「役割スキル要件表」が個人目標設定の指針となります。つまり、上位目標を達成するために、「期待される役割の中で何を達成すべきか？」「どのようなスキルの習得や発揮が必要か？」ということを考えることで、適切な個人目標設定につながるわけです。

　また、「役割スキル要件表」に記載された内容そのものを個人目標とすることもできます。

　個人目標は、一定の難易度がある少し高いレベルの目標、つまり"チャレンジングな目標"を設定するという基本的な考え方があります。ここで、チャレンジングな目標を設定する際に、「役割スキル要件表」が役立ちます。

　具体的には、現状よりも上位ステージの内容を参考にすることで、自然とチャレンジングな目標の設定が可能になるのです。

　例えば、「上位ステージの役割を担うために、どのようなことに取り組む必要があるか？」について考えることが、個人目標の設定につながります。同様に、「上位ステージで必要となるスキルを習得する」こと自体を個人目標とすることもできます。

　このように、上位目標の達成を目的におきながら、自らの現状や将来のステップアップを見据えて個人目標を設定する際に、「役割スキル要件表」を活用することができます。この関連を示したものが**図表3—3**です。

図表3－3　「役割スキル要件表」と個人目標の関連

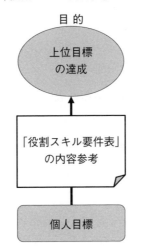

③　報酬決定の基準とするため

　先に述べたとおり、「役割スキル要件表」は人事制度の根幹となる等級制度の考え方にもとづいています。

　この意味で、「役割スキル要件表」は報酬決定の基準となるものです。つまり、「役割スキル要件表」で示されたステージと基本給水準や昇給額などが対応するということです。会社の中で担う役割が大きくなっていけば、それに伴って報酬が増えるのは適正な処遇という意味で必要なことです。このような基準があることで、社員は自らの役割と報酬の関係性に納得し、さらなるステップアップを目指していけるのです。

　「役割スキル要件表」と報酬がどのように関連するのか、例として基本給水準についてみていきます。

　図表3－4の例は、ステージと基本給水準が連動するルールを示したものです。ステージ1であれば基本給190,000～230,000円、ステー

ジ３であれば250,000〜310,000円というように各ステージで基本給の水準に幅を持たせています。これは、通常ステージが上がるのには年単位の時間を要するからであり、同ステージの中で昇給という形で基本給に反映できるようにしています。

　そのほかにも、「役割スキル要件表」で定めたステージを昇給や賞与支給のルールと関連づけることもできます。例えば、ステージによって昇給や賞与の支給係数に差をつけるという考え方があります。こうすることで、役割やスキルの度合いを昇給や賞与額に反映することができます。

　このように、「役割スキル要件表」で定めた内容と報酬を関連づけることで、社員の役割やスキルの大きさを適切に報酬に反映することができ、公平感や納得感を高めることにつながるわけです。

図表３−４　「役割スキル要件表」と基本給水準の連動

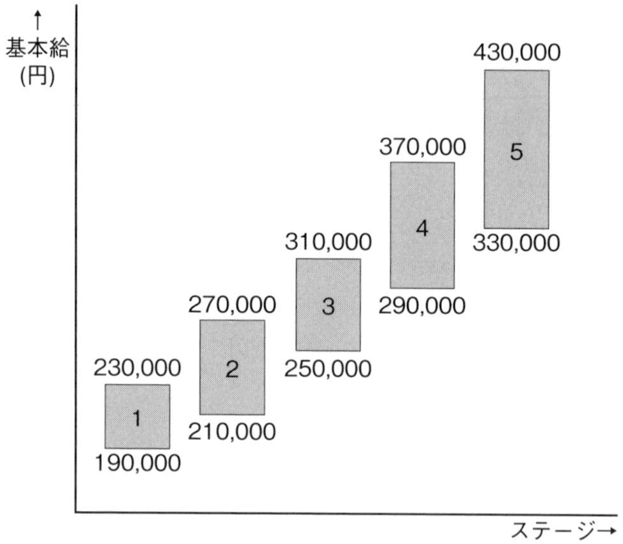

④　役職登用の基準とするため

　「役割スキル要件表」を作成する際には、各ステージに対応する役職を明確にします。上位役職になるほど大きな役割を担うことが一般的であり、その意味でステージと役職には関連性があります。具体的には、「ステージ3：係長」「ステージ5：課長」というように、ステージと役職が対応するようなイメージです。

　この関連性を踏まえ、役職登用の基準として「役割スキル要件表」を活用することができます。例えば、「部長に昇進する者はステージ6に在籍していること」というような要件を設定することができます。

　課長や部長などの上位役職は、組織体制次第でポスト数が決まっていることが通常で、その役職を担う社員は限られるはずです。このような場合に、「役割スキル要件表」で定めたステージと役職をどのように対応させていくかは、会社の方針や状況によってさまざまです。

　例えば、ステージと役職を完全に対応させるという方法があります。つまり「ステージ4の社員はすべて係長を担う」というような場合です。そのほか、先の例のように「該当ステージにいる社員の中から、一定の基準に従って役職者を任命する」というような運用をする場合もあります。

　どのようにステージと役職を対応させるかについては、役職のポスト数や会社の方針などによって変わります。自社に適した方法を検討した上でルールを決めることが重要です。

3. 「役割スキル要件表」の作成方法

　ここからは、どのように「役割スキル要件表」を作成していくのか
について説明していきます。

　「役割スキル要件表」の作成手順は**図表３－５**のとおりです。この
手順に従って、それぞれどのように検討していくのかみていきましょ
う。

図表３－５　「役割スキル要件表」の作成手順

手順1	ステージの数を決め役職と対応させる

↓

手順2	社員に期待する役割を洗い出す

↓

手順3	洗い出した役割を各ステージに落とし込む

↓

手順4	各ステージに必要なスキルを対応させる

↓

手順5	全体を俯瞰し最終的な検証を行う

⑴　手順１：ステージの数を決め役職と対応させる

　社員の役割を基準として、何段階のステージを設定するか検討し、
それらと役職の対応を明確にしていきます。どのように検討していく
か、以下に例を挙げながら説明していきます。

　例えば、新入社員として入社すると、「上司の指示を受けながら基

本的な業務を担当する」という役割が期待されることが通常です。この段階が最下位のステージになります。その後、一通り仕事を覚えた段階で、次のステージにステップアップします。この段階では、「より難しい業務に取り組んで成果を出す」という役割が期待されることでしょう。さらにステップアップしていくと、「ほかのメンバーをまとめながら成果を出していく」ということが期待され、この段階では係長といった役職に任命されることがあります。最上位のステージでは、「部門をまとめ目標達成をする」という役割が期待され、このステージに到達すると部長職を担うというイメージで検討していきます。

　どのように役割のレベルが変化していくか、また役職とどう対応するかは、会社によってさまざまです。実際に検討してみると、そもそも何段階のステージを設定すべきか悩むケースが多いです。

　そこで、もし会社の中に役職があれば、それを基準にすると、適切なステージ数を考えやすいでしょう。つまり、会社にある役職を列記し、それぞれの役割の違いを確認した上で、ステージ数を検討していくということです。

　この時、「役職は異なるが役割には大きな差がない」というケースが想定されます。その際は、複数の役職を同ステージとして扱って問題ありません。後の検討過程でステージ数の調整が可能ですので、この段階では、想定されるステージ数を一旦仮設定することがポイントです。

　例として、**図表3―6**をみてみましょう。

　この例では、すでにある7つの役職からステージ数を考えています。期待する役割に大差がない役職は同ステージとして扱ったところ、最終的には4つのステージに分けられました。

図表3―6　役職を基準にしたステージ数の設定

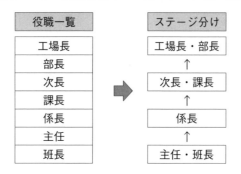

　次に考えることは、非役職者のステージがいくつあるかということです。役職を担うまでに、いくつかのステージを経てステップアップしていくことが多く、通常は1～3程度の段階があります。

　非役職者のステージ数についても、役割の違いを基準に考えていきます。

　新入社員が入社後、どのようにステップアップしていくかを考えるとイメージしやすいでしょう。まず求められることは、「上司の指導のもと、基本的な業務を遂行する」ということではないでしょうか。その後、「より難しい業務を単独で行う」ということ、さらに「後輩のサポートをする」というように、だんだんと期待される役割の度合いが上がっていくことでしょう。このような役割の段階がいくつあるかを検討し、非役職者のステージ数を設定していきます。

　以上をまとめると**図表3―7**のようになります。

　このように、会社の中にいくつのステージ数があるかについては、「役職にもとづいたステージ数」と「非役職者の役割にもとづいたステージ数」の合計で設定することができます。

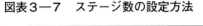

図表3－7　ステージ数の設定方法

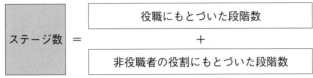

⑵　手順2：社員に期待する役割を洗い出す

　次は、社員にどのような役割を期待するのかについて考えていきます。

　ここで、"役割"の定義についてですが、「社員に期待される行動や貢献」として考えると検討しやすいでしょう。実際に明文化する際のポイントは、「～する」「～している」「～を行う」というように表現することです。

　一概に役割といっても、会社によってさまざまな切り口があります。例えば、「役割スキル要件表」の参考フォーマットでは、「業績・成果面」「業務遂行面」「マネジメント面」の3つに分類しています。この分類は、業種や組織の特性などによって異なることが多く、会社により独自のカテゴリを設定することは問題ありません。

　例えばある会社では、営業活動について「新規顧客」「既存顧客」という切り口を設けることで、営業担当者への期待役割をより詳細に伝える工夫をしています。

　社員に期待する役割としてどのような切り口があるか、**図表3－8**に例を挙げておきます。

図表3－8　役割のカテゴリ例

・業績／成果
・業務遂行
・マネジメント
・人材育成
・戦略策定
・顧客対応
・他部門／部署連携
・リスク管理
・外部リレーション

　このように、さまざまなカテゴリが考えられますが、「役割スキル要件表」には３～５つ程度で設定することを推奨します。

　ここで重要なことは、「社員に期待する役割として重要なことを明文化すること」であり、厳密なカテゴリ分けではありません。そのため、例えば、マネジメントの中に「人材育成」、業務遂行の中に「顧客対応」の要素が入っても問題ありません。

　社員に期待する役割を明文化することを目的として、カテゴリ分けは柔軟に検討しましょう。

　カテゴリを設定した後は、それぞれについて、「社員にどのような役割を期待するか？」という観点で検討していきます。この段階では、文章ではなくキーワードで問題ないので、数多くの要素を出すことを重視しましょう。

　この時、「今現在、会社の中で社員がどのような役割を担っているか？」について思い浮かべながら検討することがあります。もちろんこれも重要なのですが、「将来的に社員にこういう役割を期待した

い」という観点を盛り込んでいくことがポイントです。「役割スキル要件表」は社員への期待値を明確にするもので、社員が将来的にステップアップしていく基準として考えれば、ある程度"理想的"や"挑戦的"な内容を網羅することが重要だからです。

⑶　手順3：洗い出した役割を各ステージに落とし込む

社員に期待する役割について、カテゴリごと一通り洗い出した後は、それらを各ステージに落とし込んでいきます。また、内容が理解できるように明文化していきます。

通常ステージが上がるほど、社員に期待する役割は大きくなっていきます。そのため、**図表3―9**のように、ステージが上がるに従って、だんだんと役割のレベルが高くなっていくはずです。

図表3―9　「業務遂行」に関する各ステージの役割

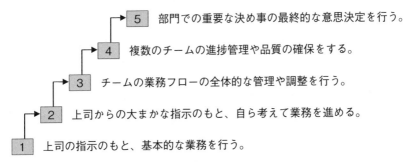

5　部門での重要な決め事の最終的な意思決定を行う。

4　複数のチームの進捗管理や品質の確保をする。

3　チームの業務フローの全体的な管理や調整を行う。

2　上司からの大まかな指示のもと、自ら考えて業務を進める。

1　上司の指示のもと、基本的な業務を行う。

この例では、「業務遂行」に関して、各ステージで期待する役割を明文化しています。例えば、ステージ1と2を比べてみると、「上司の指示を受けながら基本的な仕事を覚えた後、上司からの細かい指示がなくとも自ら業務を進めていく」という段階が表現できています。このように、ステージが上がるに従って、役割が大きくなることが理

解できるかが重要です。

　また、社員は明文化された内容をみて、「現在のステージで自分に何が期待されているか」「ステップアップしていくために、どのような期待に応えていく必要があるか」ということを判断します。そのため、ステージごとの格差についても適切に表現できているかが重要です。

　もし、各ステージに落とし込んだ内容を俯瞰してみて、適切に格差が表現できていなければ、改めてカテゴリごとの役割を洗い出し、明文化する作業を繰り返しましょう。

　それでも役割の格差がうまく表現できない場合、当初設定したステージ数が不適切な可能性があります。つまり、ステージ数が本来の役割の段階数とマッチしていないということです。

　当初設定したステージ数が多すぎる場合、ステージ間の役割のレベルが近接することで、明確な役割の違いを表現することが難しくなります。逆に、少なすぎる場合は、各ステージの幅が広くなり、ステージごとの役割のレベルが広くなりすぎるということが起こります。

　ステージは、社員にとって一歩一歩上がっていく階段のようなイメージです。低すぎても高すぎても階段としての役目を果たすことが不十分になります。完成した文言を複数の社員に確認してもらい、役割の差がイメージできるかどうか検証することも有効です。

⑷　手順４：各ステージに必要なスキルを対応させる

　ここまで、社員に期待される役割を各ステージに落とし込み、適切な差がつくように検討してきました。

　次は、各ステージの役割を担っていくために、「どのようなスキル

が必要か」ということを明確にしていきます。先述のとおり、スキルには能力・知識・技術など幅広い概念が含まれています。それらについて、社員がステップアップしていく過程で身に付けてほしい対象を具体的に定めます。

　各ステージに必要なスキルをすべて列挙していくと、膨大な数になることがあります。そこで、「役割スキル要件表」においては、そのステージに求める特に重要な内容を明確にするとよいでしょう。また、会社の業種や業態によっては、保有すべき資格が存在することがあります。この資格についても、スキルを裏付けるものとして記載して問題ありません。

　例として、**図表3—10①～③**にスキルとして想定される項目を列挙します。

図表3—10①　スキルとして想定される項目（参考）

・知識

項目	内容
業界知識	業界全体の成長や衰退、新たな市場の出現、消費者のニーズの変化など、業界全体の現状や将来の方向性に関する知識。
競合知識	主要な競合企業や新興勢力、競合の戦略や弱点、競合との位置付けなど、競争環境に関する知識。
業務プロセス	あるタスクやプロジェクトを完了するための手順や特定の業務を行う際の具体的な手順や方法に関する知識。
ソフトウェア・ツール	一般的なオフィスソフトや業界特有のソフトウェア・ツールの操作方法に関する知識。
経営戦略	企業の長期的な目標を達成するための計画・アクションプランを作成し、結果の検証・改善を行うプロセスに関する知識。
マーケティング	対象となる市場の規模や成長性、顧客層や顧客ニーズの分析、購買行動、企業や製品のブランドイメージの構築・維持に関する知識。
財務	会社の財務状況や収益性、資金繰り、業務やプロジェクトの予算策定に関する知識。
人事	人材を選考・採用するプロセス、社員のスキルや能力を向上させるための研修や教育に関する知識。
法律・規制	業界特有の法律やルール、労働環境や契約・取引を行う際の法的な基準やルールに関する知識。
技術革新	業界の最前線で使われている新しい技術や手法、それらを業務や製品・サービスに導入・適用する方法に関する知識。

図表3―10②　スキルとして想定される項目（参考）

・技術

項目	内容
コンピュータスキル	基本的なオフィスソフトや業界特有のソフトウェア・ツールの操作方法及びトラブルシューティングに関する技術。
コミュニケーション	情報やアイデアを効果的に伝えるプレゼンテーションスキル、効果的なミーティングの実施、他者と合意を形成するための技術。
データ分析	必要な情報やデータを集め、それらを分析し有益な情報を抽出する技術。
プロジェクト管理	プロジェクトの進捗管理や優先順位付け、リソースを効果的に配分する技術。
問題解決	発生した問題の原因を特定し解決する手法やリスクへの対策や対応方法を策定する技術。
リーダーシップ	明確なビジョンや目標を設定、チームに共有し成果を引き出す技術。
戦略立案	組織の目標達成に向けた計画と行動方針の策定、成果や効果を評価する技術。
チーム管理	個々のメンバーの能力を見極め、役割を適切に割り振り、チームで共通の目標を達成する技術。
関係性構築	社内の他部門やチーム、社外の関係者と関係性を構築する技術。
技術革新	新しい技術の概念や特性を理解し、自社の製品やサービスに取り入れる技術。

図表３—10③　スキルとして想定される項目（参考）

・能力

項目	内容
自己管理	業務を効率的に処理し期限内に完了させることや重要なタスクを見極め優先的に取り組む能力。
意志疎通	他者の話を注意深く聞き理解することや自らの考えや意見を明確かつ効果的に伝える能力。
論理的思考	複雑な問題や状況を論理的に分析し、合理的な結論を導き出す能力。
対応力	新しい状況や変化を早期に理解、対応するために冷静に業務を進めていく能力。
主体的行動	与えられた指示だけではなく、自ら新しいアイデアやアプローチを考えて行動に移す能力。
時間管理	タスクの優先順位を設定し、期限内に目標達成するための管理能力。
意思決定	意思決定に必要な情報を迅速に収集し、分析と評価にもとづき適切に判断を下す能力。
問題解決	問題の根本原因を特定し、効果的な解決策を考え出す能力。
チームワーク	異なる意見やアイデアを受け入れながら、チームメンバーと協力し共通の目標に進んでいく能力。
戦略的思考	戦略の実行に伴うリスクを予測することや短期的な結果にとらわれず、長期的なビジョンや目標にもとづいて思考する能力。

⑸　手順５：全体を俯瞰し最終的な検証を行う

　最後に、ここまでの手順に従って作成した「役割スキル要件表」を俯瞰し検証していきます。

　参考として、**図表３—11**に「役割スキル要件表」の例を掲載します。

図表3―11　「役割スキル要件表」の例

職層	ステージ	期待役割			必要なスキル	対応役職
		業績・成果面	業務遂行面	マネジメント面		
上級	6	・工場・部門の統括管理をし、管轄組織の収益性を向上する。	・複雑な問題を分析し、戦略的・綿密なアプローチで解決策を提示している。	・管轄組織のビジョンを明確に示している。	・戦略的ビジョンの策定 ・高度な分析能力 ・複雑な問題への解決力	工場長 部長
	5	・担当組織の業務計画と遂行を管理し、組織全体の成果を最大化する。	・担当組織のメンバーのパフォーマンス向上のために、業務プロセスやリソースを最適化している。	・担当組織の業務戦略を作成し、目標達成へ向けてメンバーを指導する。	・プロジェクトの計画・実行・管理力 ・新しい技術や製造手法の知識 ・高度なリーダーシップ	課長
中級	4	・業務プロセスの最適化や効率改善の方向性を提示し、チーム全体のパフォーマンスを向上する。	・チームの業務プロセスを定期的に見直し、効率化のための改善策を導入している。	・チーム全体の交流や知識共有を促進する。	・複数のタスクを同時に管理する能力 ・品質管理手法に関する知識 ・プレゼンテーション技術	係長 主任
	3	・業務プロセスの最適化や効率改善を主導し、パフォーマンスを向上する。	・業務プロセスの最適化や効率改善をメンバーとともに推進している。	・メンバーの進捗をフォローアップし、業務指導とサポートをしている。	・複数の製造プロセスや機械操作の知識 ・資料の作成や読解能力 ・チームコミュニケーション力	主任 班長
初級	2	・チーム内の業務プロセスを理解し、有効な改善提案を出す。	・上司の指示にもとづいて、自らの判断を入れながら業務遂行している。	・後輩の業務スキルの向上を支援している。	・製造の基本的な流れの知識 ・基本的なトラブルシューティング	班長
	1	・指示されたタスクを正確に行うことで、チームに貢献する。	・上司の指導のもと確実に仕事をこなしている。	・自らの成長を図るために自己研鑽をしている。	・作業指示の読解力 ・基本的な機械の操作	―

　ここでのポイントは、各ステージの格差が適切か最終的な検証をすることです。全体を俯瞰できる状態で、改めてステージごとの役割やスキルの格差が適切であるかを確認してください。

先述のとおり、ステージは社員が会社の中でステップアップしてい
く階段を示したものであり、社員が成長していく指針や報酬の基準と
なるものです。人事評価制度の土台であると認識して、この段階で
しっかりと検証しましょう。

　次に、検討メンバー以外の社員に対して、「記載された内容が理解
できるか」「ステップアップしていくイメージができるか」などにつ
いて確認することを推奨します。記載された文言やレベル感の適正さ
について意見を収集し、必要に応じて追加や修正をしていくことで、
さらに精度を高めていくことができます。

⑹　「役割スキル要件表」作成時のよくある質問

①　職種別の内容を盛り込みたい

　「役割スキル要件表」は、全社共通の基準を明確にすることが目的
です。そのため、基本的に全職種共通の内容として作成することを推
奨します。

　しかし、会社によっては、「職種別の重要な役割やスキルを示した
い」と考えることがあります。例えば、製造業で「役割スキル要件
表」を作成すると、製造部員中心の内容になることが多いです。そう
すると、総務や経理などの社員に対して基準を示しづらくなることが
あります。このような場合には、職種別の内容の追加を検討するとよ
いでしょう。

　具体的には、**図表3―12**のように、全職種共通の役割を明確にし
た後に、職種別の内容を追加していきます。

図表3—12 職種別の項目欄を追加した「役割スキル要件表」

職層	ステージ	期待役割			必要なスキル			対応役職
		共通	職種別		共通	職種別		
			○○	△△		○○	△△	
上級職								
中級職								
初級職								

　職種別の内容を盛り込む際には、全職種で明確にした各ステージの水準と差が出ないように注意しましょう。ステージは全社で同じ基準を採用するので、同ステージであれば、職種が異なっても同程度の役割が期待されるべきです。職種別の内容を検討する際は、全職種共通の役割とズレが出ないように作成してください。

② スペシャリスト向けの基準を作成したい

　上位ステージになるにつれて、人材育成やチームマネジメントに関する役割が求められることが通常です。ステップアップしていくに従って、部下や後輩を育成しチームとして成果を創出していくことは多くの会社で期待される役割でしょう。

　これに関連して、「個人として優れた結果を残しているが、人材育成やチームマネジメントは不得意」という社員をどう処遇するかが問題になるケースがあります。例えば、個人として大きな成果を出して

おり、さらなるステップアップを期待する一方、チームマネジメントが苦手な社員をどう処遇すべきかということです。上位ステージほど人材育成やチームマネジメントの役割が求められることで、このような社員はある一定のステージで頭打ちになってしまうわけです。

このような場合、**図表3―13**のようなスペシャリスト向けのコースを作成することが有効です。この例では、ステージ3から、マネジメントまたはスペシャリストコースどちらかに進んでいくという考え方になっています。このようなスペシャリストコースを設けることで、マネジメントが不得意であってもステップアップできる道を示し、適切に処遇できるようになります。

図表3―13　スペシャリスト向けコースのイメージ図

ステージ	期待役割	必要なスキル	対応役職
M2	マネジメントコース		部長
M1			課長

ステージ	期待役割	必要なスキル	対応役職
S2	スペシャリストコース		特級スペシャリスト
S1			上級スペシャリスト

3			係長
2			班長
1			―

一方で、会社の方針によっては「上位ステージにステップアップしていく社員には、たとえ苦手であってもマネジメントに関する役割を担ってほしい」と考えることがあります。このような場合は、あえて

マネジメントコースのみとすることで、「上位ステージにステップアップするためには、人材育成やチームマネジメントの役割を担う必要がある」ということを、会社の方針として示すことができます。

③　「役割スキル要件表」と現行社員の役割・スキルに乖離がある

　「役割スキル要件表」を作成すると、本来期待される役割やスキルの水準と、現状の社員が実際に担っているレベルが乖離してしまうことがあります。このような時、どの水準を基準に作成すればいいか判断に迷うことがあるでしょう。

　例えば、ある会社で「役割スキル要件表」を作成したところ、部長Aさんの役割やスキルが、部長職と対応するステージで期待される水準まで達していないことが判明しました。図表3―14のように、実際の部長Aさんの役割やスキルを確認すると、あるべきステージに満たなかったわけです。

図表3―14　「役割スキル要件表」と現状に差があるケース

職層	ステージ	期待役割	必要なスキル	対応役職
上級	6	あるべき姿		部長
	5	現状の部長Aさんの役割やスキル		

　このようなケースは、特に上位役職者に対して起こることが多いですが、"あるべき姿"を基準として作成して問題ありません。

なぜなら、先述のように「役割スキル要件表」は、社員への期待値を示すもので、「社員にこういう役割を担ってほしい」「こういうスキルを発揮してほしい」という一定の期待を込めて作成するからです。今ある何らかの問題解決の手段として人事評価制度を構築しているはずなので、経営者からの期待と現状にズレが起こることはむしろ正常であると考えられます。

　ここで、現状とズレがあり社員を処遇しづらいからという理由で、「役割スキル要件表」のレベルを引き下げることはやるべきではありません。仮に、「役割スキル要件表」で示した水準に達していない社員がいる場合は、その期待される水準に追いつけるように会社としてサポートしていくとよいでしょう。

　ここまで、人事評価制度の土台となる「役割スキル要件表」についてみてきました。

　次章では、いよいよ社員の成果を適正に判断する「期待成果シート」について説明していきます。

第 **4** 章

社員が納得！
成果を適正に判断する
「期待成果シート」
の作成方法

1. なぜ社員は評価に不満を持つのか？　多くの会社で起こっている「定性評価の不満」

⑴　人事評価制度を運用すればするほど社員の不満が増大する理由とは？

　人事評価制度を導入する目的の一つに、「公平性を担保する」ということが挙げられます。つまり、社員に期待する成果・行動・取り組み姿勢などを示し、それらの評価基準を明確にすることで、公平性を高めていくということです。

　実際に、人事評価制度を導入したことで、公平性を高め、社員から「自分は適正に評価されている」と納得感を得られている会社もあるでしょう。しかし一方で、せっかくお金と時間をかけて人事評価制度を作ったものの、公平性が担保できないばかりか、むしろ社員の不満が増大してしまっている会社があるのも事実です。

　なぜ同じ"人事評価制度"なのに、このように社員の捉え方が異なり、最悪の場合、制度を運用すればするほど社員の不満が増大してしまうのでしょうか？

　この理由を考えるために、企業で働く5,000人を対象に実施された人事制度に関する調査を紹介します。

　この調査における「評価制度への不満感」に対する回答結果（**図表4－1**）をみてみると、「不満」と回答した割合は全体の15.4％、「やや不満」の割合は22.9％となっています。つまり、回答者の40％弱が

自社の評価制度に対して何らかの不満感を持っているということがわかります。

図表4―1　評価制度への不満（評価制度全体）

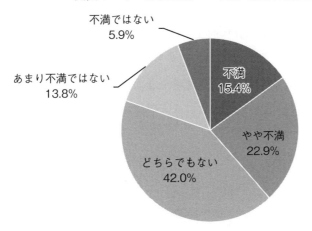

不満ではない
5.9%

あまり不満ではない
13.8%

不満
15.4%

やや不満
22.9%

どちらでもない
42.0%

パーソル総合研究所「人事評価と目標管理に関する定量調査」を参考に筆者が作成

　その理由をみてみると、男女ともに20～40代にかけて「結果への納得感のなさ」や「公平感の欠如」という回答が増加していく傾向にあることが明らかになっています。

　この調査結果から、評価制度に不満を感じる社員の理由として、「自らの働きぶりに対する評価結果への納得感が低く、それ故に公平感を感じることができない」ということがあると考えられます。

　次に、私の経験から、「なぜ社員は人事評価制度に対して不満を持つのか？」について考えてみます。建設業H社の経営者から依頼を受け、管理者に対する評価面談研修を実施した時の話です。

　当時、H社では、経営コンサルティング会社の支援のもと人事制度を構築し、運用を開始して1年が経ったところでした。人事評価の運

用では、評価シートにもとづいて上司と部下が面談していく流れでした。この運用の中で、各部門の管理者が定期的に行う面談がうまくいっていないということで、私に声がかかり研修を実施することになったわけです。

研修では、面談の目的や具体的な手順・技法などをテーマとして設定し進めていました。そして、ある演習を行う際に、H社が導入した評価シートについて意見交換をする場面がありました。この時に、管理者のTさんが、「面談のやり方をいくら学んでも、そもそもこの評価項目では公平に評価するのは難しい」と怒りの表情で発言したのです。

詳しく聞いてみると、「評価シートで設定された項目が重要なことは理解できるが、どうしても上司の主観で評価することになってしまい、部下を納得させることが難しい」ということでした。

どういうことかというと、H社が作成した評価シートには、例えば職務に関する評価項目として「安全衛生活動」を設定し、**図表4―2**のように5つの評価段階を設けていました。そして、各段階に記載されている基準にもとづいて、上司が部下の取り組みを適正に評価していくことになっていました。

図表4―2　「安全衛生活動」に関する評価基準

5点	常に意識高く取り組み、まわりにも働きかけていた。
4点	常に意識高く取り組んでいた。
3点	十分に取り組んでいた。
2点	意識がやや低く不十分な点があった。
1点	意識が低く不十分であった。

　しかし、Ｔさんの意見では、このような評価項目や基準では、いくら公平に評価しようとしても限界があるということだったのです。

　Ｔさんの言い分を、面談の一場面としてまとめると、以下のようなイメージになります。

上司：「安全衛生活動については、いくつかヒヤリハットを提出していて十分に取り組めていたから３点です」

部下：「自分としてはヒヤリハットを提出したのはもちろん、ほかのメンバーにも声掛けして意識を高めるようにしていたので４点はいくと思うのですが……」

上司：「なるほど、がんばっていたみたいだね、（ほかのメンバーへの声掛けはみていないからわからないな……）でも４点までにはもう少しかな。次もがんばりましょう！」

部下：「……」

　上司は部下の取り組みを四六時中みているわけではなく、評価期間内のいくつかの行動や事実から評価することになります。この際に、「どの行動や事実を用いて評価するか」ということ自体が管理者の主観になってしまい、結果として、部下を公平に評価することが難しいというのがＴさんの意見でした。

　このように、部下に対する評価へ上司の主観が入ってしまうことは、人事評価における典型的な"評価エラー（※）"と位置づけられています。

※評価エラーとは?

　人事評価における評価エラーとは、上司の主観や感情が影響して、部下の真の成果や取り組みを正確に評価できないときに生じる誤差のことです。

　代表的な評価エラーとして「ハロー効果」があります。これは、部下のある特性や行動が評価者である上司の印象に強く影響し、評価そのものへ不当に影響を与える現象を指します。例えば、部下の何らかの好意的な特性や行動が上司の主観や感情に影響を与えて、全体の評価を不当に高めることがあります。逆に、ある不利な特性や行動が全体の評価を不当に低くしてしまうことがあります。

　そのほかにも、「部下に嫌われたくない」という心理から評価が甘くなってしまうことや、直近の出来事や成果だけに目が行き評価を下してしまうことなどがあります。

　このような評価エラーによって公平な評価が損なわれてしまうと、部下のモチベーションを低下させ、組織の業績にも悪影響を及ぼす可能性があるため、客観的な評価項目や基準の設定や評価者のトレーニングが重要となります。

　評価者間の評価基準の統一や評価者トレーニングを重ねることで評価エラーを防ぎ、評価の公平性を高めていくことは可能です。

　しかし、私は多くの会社における人事評価制度の運用をみてきた中で、そこまでに到達するにはかなりの労力と負荷がかかることを実感しています。特に中小企業においては、評価者がプレイングマネージャーであることが多く、マネジメント以外の業務で多忙な中で、評価エラーを起こさないように運用するのはかなり難しいと考えます。

　実際に、H社以外の会社においても、同様の事例が頻繁に起こっている実態を目の当たりにしてきました。そして、だんだんと「評価者

というよりも、むしろ人事評価制度自体に問題があるのでは？」と考えるようになっていったのです。

　この"人事評価制度自体の問題"とはどういうことか、詳しくみていきましょう。

⑵　社員の不満が増大する評価項目とはどのようなものか？

　一般的に、人事評価制度を構築する際には、「何について、どのような基準で評価するか」という評価項目を設定し、それらを一覧化した人事評価シートを作成します。そして、人事評価シートに記載された各評価項目について、ある一定の評価期間ごと点数付けし、評価結果を算定します。その後、評価結果にもとづいて、昇給や賞与、昇進などの報酬や処遇が決定される流れとなります。

　人事評価シートに定められる評価項目には、社員に期待する特に重要な内容を、10〜15個程度記載することが一般的です。

　この評価項目には、「目標に対する結果」「取り組み姿勢」「重要な業務」などいくつかの観点があります。

　例えば、「目標に対する結果」に関する評価項目としては、「売上高目標」「利益率目標」などの達成度合いがあります。同じく、「取り組み姿勢」では、「責任性」「協調性」などがあります。「重要な業務」については、社員が遂行している活動の中で中核となるものであり、部門や職種ごと異なることが通常です。

　このような考え方で評価項目を設定した例を**図表4―3**に示します。

図表4－3　営業部員の評価項目例

項目		新規開拓活動
定義		新規開拓先の発掘や訪問・提案を通じて新規取引先を増やす
基準	5点	上位等級者としても申し分ない結果であった。
	4点	申し分なく、期待し要求する基準をクリアした。
	3点	期待し要求する基準をクリアした。
	2点	期待し要求する基準に達しなかった。
	1点	期待し要求する基準に全く達しなかった。

　この例では、営業部員の中核業務の一つである、「新規開拓活動」を評価項目としています。そして、具体的にどのような活動を指しているかについて、「新規開拓先の発掘や訪問・提案を通じて新規取引先を増やす」と定義しています。さらに、どのように評価するかについて、評価基準を明文化しています。評価基準は5段階となっており、「期待し要求する基準をクリアした」が真ん中の3点になります。それに対して、取り組み結果が上回れば4点～5点、不十分であれば、2点～1点という風に評価が決定されることになります。

　このような評価項目を10～15個程度設定し、一覧化したものを人事評価シートと呼ぶわけです。

　ではなぜ、このような人事評価シートを作成する必要があるのでしょうか？

　それは、人事評価シートの作成が、評価者の主観的な判断を防ぐことにつながるからです。つまり、あらかじめ定められた評価項目に対して、明確に決められた基準にもとづいて評価することで、評価者の主観を排除することができるのです。そうして、人事評価制度の目的

である「公平性を担保する」ことを実現していきます。

　しかし、人事評価シートを作成するだけで公平性を担保できるかというと、そう簡単な話ではありません。

　例えば、同じ人事評価シートを用いて、ある部下を２人の上司がそれぞれ評価するとします。ここで、上司Ａが評価した場合は"４点"となり、上司Ｂが評価すると"３点"になってしまったとしたらどうでしょうか？

　これでは、公平性を担保できているとはいえません。同じ部下を評価しているのに、評価結果が異なるということは、上司の主観が影響している可能性が高く、公平な評価ができているとは言い難いのです。

　そこで、公平な評価を行っていくために、人事評価制度ではある基本ルールが定められています。

　それは、「評価対象の部下の行動や事実にもとづいて評価する」ということです。部下の行動や事実に焦点を当てることで、上司の主観を排除し、公平な評価を実現するという考え方です。これを徹底することで、先の例のような、上司間の評価のバラつきを防ぐことができるといわれています。

　この基本ルールにもとづいた評価の進め方の例を示すと、**図表４―４**のようになります。

図表4―4　部下の行動や事実

日付	内容
4/13	営業会議が停滞した時に、自らの経験にもとづいた発言で議論を活発化させていた。
5/10	上司の確認を怠り、取引先への提案書作成を独断で進めていた。
5/31	新規開拓先のリスト化を進め部署で共有していた。
6/25	新規開拓候補先の決裁者と面談を設定することができた。
7/15	後輩の営業に関するレベルアップを図るための勉強会を企画し、無事にやり遂げた。

　このように、評価期間内における部下の行動や事実を書き溜めていき、それらを判断材料として客観的な評価をしていきます。このように、評価対象者が実際に行った行動や事実に焦点を当てることで公平性を担保できるというわけです。

　私が先に述べた"人事評価制度自体の問題"とは、ここまでみてきた評価項目や基本ルールに関連しています。実は、このような設定やルールにもとづいて評価しても、上司の主観を排除できず、結果として社員の不満につながってしまうことが多いのです。

⑶　人事評価制度を導入しても、社員の不満につながってしまう2つの理由

　なぜ、人事評価制度を導入しても上司の主観的な評価を排除できず、社員の不満につながってしまうのか、その理由として以下があると考えています。

・　理由1：評価者がすべての行動や事実を見ることができないから

・　理由２：行動や事実の捉え方が結局主観的になってしまうから

　それぞれについて説明していきます。

・理由１：評価者がすべての行動や事実を見ることができないから

　通常、人事評価を実施する期間には、半年や１年間といった時間軸が設定されます。そして、その間の部下の取り組みを適正に評価するための材料として、行動や事実を記録していくことになります。半年間であれば、10〜20個程度の行動や事実を書き溜めておけば、十分に評価できるというのが基本的な考え方です。

　しかし、ここで問題が出てきます。

　それは、「評価をするために書き溜めてきた行動と事実のみで、本当に部下を適正に評価できるのか？」ということです。つまり、上司が限られた時間やタイミングの中で観察してきた部下の行動や事実だけで、その期間を通じた部下の評価を決定するのには不十分ではないかということです。

　例えば、ある部下を観察した行動や事実の内容が、すべて評価基準の４、５点となるような良い結果であったとします。観察した行動や事実にもとづいて評価する前提において、この評価自体は適切だといえるでしょう。

　しかしここで、仮に観察した行動や事実以外のところで多くの間違いや失敗があったとします。そうすると、実際は良い評価ではないにも関わらず、上司がみてきた行動や事実にもとづいた評価をすることで、実態と評価結果にズレが生じてしまうというわけです。

　もちろん、このようなことを起こさないために、評価者には適切に部下を観察することが求められます。しかし、実際には、評価者が部

下を常に観察するというのは無理があり、限られた材料にもとづいて評価を行うことは避けられません。

　その結果、観察してきた行動や事実は客観的だとしても、それが実際の成果や取り組みを表しているとは限らないために、公平性が担保できないことが起こるのです。

・理由２：行動や事実の捉え方が結局主観的になってしまうから

　さらに、「行動や事実の捉え方が結局主観的になってしまう」ということも起こります。

　例えば、ある上司が部下を観察し、「上司の確認を怠り、取引先への提案書作成を独断で進めていた」ということを評価の材料として記録したとします。

　そして、この材料を評価基準に照らし合わせた結果、５点満点中の２点として評価したとします。上司の視点では、しっかりと部下の行動や事実を観察した上で評価を下したので、適正な判断をしたといえるでしょう。

　しかし、部下からすると、「単独でできると判断し、忙しい上司の手間を取らせないように、よかれと思って進めた」という行動だったかもしれません。部下としては、むしろ良い評価をされるべきだと考えているかもしれません。

　このように、上司と部下の間で認識のギャップが生じること自体には問題はありません。このようなギャップに対して、上司が評価をした理由を説明し、部下を納得させ、より望ましい行動に導いていくということに意義があるからです。

　しかし、この例のように、ある行動や事実の背景にはそれぞれの理

由や想いがあり、それは主観的なものです。そのため、上司が説明し部下が納得したとしても、それは表向きだけで、心から納得することができないということが現実には起こるのです。

　上司も部下も人間である以上、行動や事実の捉え方に主観が伴うことを避けることができないからです。

　このような結果、公平性を担保するための人事評価制度であるにも関わらず、主観を排除できないことから、公平性を損なってしまうことが起こるのです。

　このような状況では、いくら人事評価制度を運用しても社員が「自分の働きぶりが適正に評価されている」と感じることはできません。むしろ不満につながってしまいかねません。

　では、どのようにすれば、公平性を担保できる人事評価制度を構築することができるのでしょうか？　ここからはその方法を説明していきます。

2. 社員が納得できる！　成果を適正に 判断するポイントは「数値化」

　先に述べたとおり、社員が人事評価制度に不満を感じるのは、「自らの働きぶりに対する評価結果への納得感が低く、公平感を感じることができないから」と考えられます。そして、評価者の主観を排除できない人事評価制度そのものが、その原因であることを説明してきました。

それでは、どのように人事評価制度を構築すれば、主観を排除して公平性を担保できるのでしょうか？

そのポイントを一言でいうと「数値化」です。

人事評価項目を「数値化」することで、評価者の主観を排除し、上司と部下の認識のギャップをなくすことができます。その結果、部下は自らの働きぶりに対する評価に納得することができるのです。

(1) 「数値化」すると、なぜ主観を排除できるのか？

人事評価項目を「数値化」することが、なぜ主観の排除につながるのか、例を挙げながら説明していきます。

ここで、営業部員の評価項目として示した、「新規開拓活動」の例を再度掲載します。

図表4－3（再掲）　営業部員の評価項目例

項目		新規開拓活動
定義		新規開拓先の発掘や訪問・提案を通じて新規取引先を増やす
基準	5点	上位等級者としても申し分ない結果であった。
	4点	申し分なく、期待し要求する基準をクリアした。
	3点	期待し要求する基準をクリアした。
	2点	期待し要求する基準に達しなかった。
	1点	期待し要求する基準に全く達しなかった。

このような評価項目を用いて評価すると、主観を排除することができないということは、ここまで述べてきたとおりです。

それはなぜでしょうか？　その理由は、定義や基準について“言葉による表現”がされているからです。言葉による表現の場合、その人

の価値観や経験などにより解釈の違いが生じることが避けられず、結果として主観を排除することができないのです。

　では、各人の解釈の違いが起こらないようにするためにはどうすればよいのでしょうか？

　その方法が「数値化」ということになります。

　どのように評価項目を「数値化」するのか、同じく「新規開拓活動」に関する例を**図表4―5**に示します。

図表4―5　「新規開拓活動」に関する評価項目

項目	新規開拓活動
定義	新規見込み先への訪問件数
目標	月3件
結果	月○件実施

　この例では、営業部員の重要な業務である「新規開拓活動」を評価項目とする際に、どのように「数値化」するかを示しています。

　まず、新規開拓活動の中から、「新規見込み先への訪問件数」で測るということを明確化しています。そして、"月3件"という目標値を設定した上で、その取り組み結果を評価することにしています。

　例えば、ある営業部員が、新規見込み先への訪問を月5件実施したとしましょう。すると、目標"月3件"に対して、"月5件"ですので良い評価結果であるといえます。一方、別の営業部員は、訪問数が"月1件"のみだったとします。そうすると、目標値を下回る不十分な評価結果となるわけです。

　このように、評価項目を「数値化」すると主観が入る余地はなくなり、上司と部下で認識のギャップが起こることはありません。たとえ結果が不十分で評価が伴わなくても、結果は結果として受け入れられ

るでしょう。

この例では、新規開拓活動を評価する対象として、「新規見込み先への訪問件数」を設定しました。ほかにも「テレアポ件数」「提案件数」「企画書作成数」など、会社の活動に応じてさまざまな対象を設定することができます。

人事評価シートに落とし込む項目数は限られるため、上位目標の達成につながるような、特に重要な指標を設定するとよいでしょう。

(2) 評価項目の「数値化」は、目的を達成するための "目標" と "手段" で考える

次に、どのように評価項目を「数値化」していくかについてみていきます。

評価項目を「数値化」する際には、目標と手段で考えていくということがポイントです。

同じく、営業部員の評価項目を設定することを想定し説明していきます。

営業部員であれば、「目標売上高の達成」「目標粗利額の達成」というように、何らかの目標が設定されていることが多いでしょう。各人はその目標を達成するための手段として、顧客開拓や商品提案などのさまざまな活動を行っているはずです。

ここで、このような目標と手段を設定する前提となるのが、全社目標や組織目標などの上位目標です。この上位目標の達成が "目的" となり、各人の目標とその達成手段が変わってくるのです。

評価項目を「数値化」する際には、この考え方を踏まえて、**図表4—6**のように、各人の目的、つまり上位目標から落とし込んだ目標と

それを達成するための手段で考えていきます。

図表４―６　評価項目を「数値化」する際の考え方

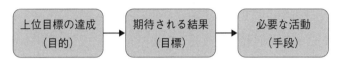

この考え方にもとづいて、営業部員の評価項目を「数値化」していく流れを、具体的な例を挙げながらみていきましょう。

まず、全社目標が「営業利益5,000万円」と設定されているとします。これが、営業部の"目的"となり、この実現のためにどのような目標を設定すべきかについて考えていきます。

この目標設定について、現実には個人レベルまで落とし込んだ上で評価項目を作成することが考えられます。ここでは、考えやすくするために営業部単位の目標から「数値化」することを想定します。

図表４―７　全社目標から営業部目標への落とし込み

全社目標	営業部目標
	新規顧客10件獲得
営業利益額 5,000万円	既存顧客取引額 前年比105%
	成約率5%増加

図表４―７のように、「営業利益5,000万円」という全社目標達成の

ために、営業部として「新規顧客10件獲得」「既存顧客取引額前年比105％」「成約率５％増加」という目標を設定しました。細かい目標をすべて洗い出すというよりは、全社目標達成の核心となる、特に重要な目標を設定することがポイントです。

　次は、これらの目標を達成するための"手段"となる活動を考えていきます。

　この段階では、あまり「数値化」を意識せず、純粋に「どのような活動が目標達成につながるか」という視点で洗い出していくとよいでしょう。

　図表４─８は、目標達成の手段となる活動を洗い出した参考例です。

　実際には、各目標に対してのより多くの活動が設定されることや、目標間で活動が重複するケースなどが想定されます。

　どちらにしても、この段階では想定される活動を数多く出すことを意識していきましょう。

図表4—8　目標達成の手段となる活動の洗い出し

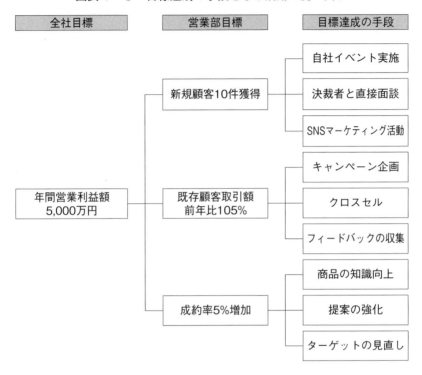

　ここまで、全社目標達成を目的として営業部の目標を設定し、その達成手段となる活動を洗い出してきました。

　この段階まで検討を進めてきた上で、各活動に対する「数値化」を行っていきます。

　各活動をどのように進めるかについては、さまざまな内容を挙げることができるはずです。例えば、新規顧客獲得につながる活動である「自社イベント実施」に対しては、「展示会の開催」「商品体験会の開催」「オンラインセミナーの実施」などが想定されます。このような取り組みの中で、具体的に数値で測定できることを設定していきます。

ここでのポイントは、営業部の取り組みとして管理できることに焦点を当てるということです。どういうことかというと、例えば「展示会の開催数」であれば、営業部の活動として管理できますが、「展示会への参加者数」は営業部がいくら十分に活動したとしてもコントロールできない要素が含まれてしまうということです。

　活動の「数値化」においては、あくまで、対象となる組織や個人の取り組みとして管理可能な指標を設定する必要があることに注意しましょう。

図表4—9　目標達成の手段となる活動の「数値化」

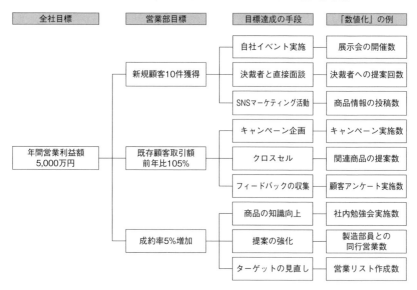

　図表4—9は、目標達成の手段となる活動について「数値化」したイメージです。

　このようにして、目標とその手段について「数値化」した上で、最終的に評価項目として採用する指標を選んでいきます。

　部門や職種によっては、多くの項目が出てくる場合がありますので、その中でも特に重要な10項目程度に絞ることを推奨します。あまり多くの項目を採用してしまうと、社員がどこに注力すべきかあいまいになることや、運用において指標を管理する負荷が大きくなってしまうからです。

　この際のポイントは、その時の会社の方針や組織の置かれている状況を踏まえ、評価項目として適切な項目を選んでいくということです。

　例えば、ある会社では「既存客からの受注が継続的に確保できる見込みがあり、今のうちに将来を見据えて新規取引先を増やしておきたい」という方針がありました。このような時は、「既存客のフォローアップ」よりも「新規顧客開拓」に関する指標を評価項目とすることで、会社の方針に沿った行動を促すことができるのです。

⑶ 「KGI」「KPI」と「数値化」との関連性

　このように、目標と手段を「数値化」し、評価項目として設定するという話をすると、「KGI」「KPI」（※）を思い浮かべる方がいるかもしれません。そこで、「KGI」「KPI」と人事評価における「数値化」との関連について述べておきたいと思います。

※「KGI」「KPI」とは？

　「KGI（Key Goal Indicator：重要目標達成指標）」は、組織やプロジェクトの成功を示すための指標です。この指標は「何を達成するか」という結果に焦点を当て、明確な目標を設定することで、組織全体の方向性を示す役割を果たします。

　例えば、営業組織では売上の最大化や新規市場開拓といった目標が

存在します。これらの目標を具体的に示すために「前年対比売上高10%増加」「新規顧客10社獲得」などの数値を「KGI」として設定し、これらが達成されることで組織の成功が確認されるのです。

次に、「KPI（Key Performance Indicator：重要業績評価指標）」ですが、この指標を理解するための鍵となるのが「CSF（Critical Success Factor：重要成功要因）」です。

「CSF」は、ある目標を達成するための重要な活動やプロセスを示します。これは「どの活動が最も重要か」という点に焦点を当て、「KGI」の達成に必要なステップや手段を明確にします。

例を挙げると、営業活動において「売上高の増加」を「KGI」と設定した場合、その達成には顧客との接触や提案、契約締結などの一連の活動が不可欠です。この中で「顧客への訪問」が特に効果的であると判断された場合、この「顧客への訪問」が「CSF」として設定されます。

そして、この「CSF」をどれだけ効果的に実施しているかを示すのが「KPI」です。「KPI」は具体的な数値や比率で示され、例えば「1日あたりの訪問回数」や「訪問1回あたりの成約率」といった形で表現されることが多いです。

このように、「KGI」と「KPI」は組織の目標達成をサポートする指標として機能します。「KGI」は"何の目標を"、そして「KPI」は「CSF」として設定された最も重要な活動やプロセスを"どれだけの数値で"達成するかを示すものです。これらの指標を適切に設定し、継続的にモニタリングすることで、目標達成に向かって効果的に進んでいくことができます。

ここまで述べてきた「数値化」の方法は、「KGI」「KPI」の考え方と密接に関連します。ただし、人事評価として指標を設定するという

ことにおいて、以下の２つの点で違いがあると考えています。

・対象となる指標を幅広く設定することができる

　「KGI」は、組織が目指す最終的な目標を明確に示す指標です。一方「KPI」は、「KGI」を達成するための具体的なプロセスや活動について、数値で示した指標ということになります。

　この考え方から、「KPI」として設定する指標は、少なければ少ないほど管理やモニタリングが容易になり、組織で共有する達成プロセスや活動へのフォーカスが明確になります。

　例えば、「KGI」として「売上高の増加」を設定したとしましょう。そして、過去の経験やデータから、「訪問数の増加」が最も売上の増加に影響することが明らかだとします。この場合、「KPI」として「訪問数」を重点的に管理することが有効になるのです。

　このように、必要最小限の「KPI」に集中することで、組織のエネルギーを分散させることなく、目標達成に向けた効果的な行動を促進することができます。

　これに対し、評価項目の「数値化」アプローチにおいては、通常５〜10個の指標を設定することが多いです。

　一定数の指標を設定することで、幅広い活動や取り組みから多面的に評価できるようになります。仮に、一つの指標だけに焦点を当てると、その指標が伸び悩んだ場合、評価が偏ってしまうリスクが高まります。

　例えば、ある社員の取り組みを「顧客訪問数」のみで評価すると想定しましょう。この時、「顧客訪問数」が目標値に届かなかった場合、評価結果は不十分なものとなります。

しかしここで、対象となる社員が業務そのものを怠っていたと断言できるでしょうか？　おそらくできないはずです。

　顧客訪問数は伸び悩んだものの、そのほかの活動で成果を上げていたかもしれません。このように、限られた指標で評価をしてしまうと、社員の真の実績や貢献が見過ごされてしまう恐れがあるのです。

　そこで、評価の公平性を高めると同時に、社員が何を意識して業務を進めるかという視野を広げるためにも、複数の重要な指標をバランスよく設定することが重要になります。

・長期的な視点で成果につながる指標を設定できる

　組織の業績管理において、「KGI」で設定する目標は３か月から１年程度の期間で達成を目指す指標になることが一般的です。

　この時間軸は、必然的に「KPI」に反映されることになります。すると、「KPI」には短期間内に成果を生み出す行動や活動が優先的に設定される傾向が強まります。

　例えば、「KGI」を「売上高の増加」と設定するとします。この時、「セールストーク技術の向上」「提案書作成スキルの向上」など、習得や実践に一定の時間を要する活動も「KGI」の達成に影響する要素として考えられるでしょう。

　しかし、期間内に「KGI」を達成するための最も効果的な指標を「KPI」とする前提では、「新規顧客開拓数」「決裁者との商談回数」というような、売上高の増加に直結する活動に絞られることが多くなります。

　一方、人事評価における「数値化」では、短期的な業績につながる指標のみならず、長期的なスキルアップや専門性の獲得といったこと

まで幅広く対象とすることができます。

　この長期的な視点は、社員のキャリア形成や組織の将来的な成長に
も影響するため、非常に重要です。

　例えば、営業スキル向上を目的とした「コミュニケーション研修へ
の参加」は、短期的な売上高増加にはつながりにくいかもしれませ
ん。しかし、長期的な視点では、売上高や顧客満足度の向上が期待で
きるので、活動を推進することには意義があるはずです。

　このように、短期的な結果には直結せずとも、社員の成長や組織の
未来を見据えて重要である指標を幅広く設定できるということが、人
事評価における「数値化」のポイントになります。

⑷　人事評価において「数値化」をすると、どのようなメリットがあるのか？

　ここからは、人事評価における「数値化」が、経営者・上司・部下
それぞれの視点で、どのようなメリットがあるのかを説明していきます。

・経営者からみた「数値化」のメリット

　経営者のメリットとして、「全社目標達成につながる活動が推進さ
れる」ということが挙げられます。

　全社目標を達成するためには、各社員が日々の業務を通じてどのよ
うな活動を推進し、どのような成果を上げるかが極めて重要です。人
事評価の中で「数値化」された指標を導入することは、この目的を効
果的に達成する手段となるのです。

　具体的には、「数値化」した評価指標に達成すべき基準を設定する
ことで、社員が明確な目標を持ち、その達成を意識した行動を推進し

やすくなります。

　このような状態が会社全体に広がり、経営者から現場の社員まで方向性が一致することで目標達成に向けた活動が加速していくのです。

　また、評価項目が「数値化」されていることで、社員の働きぶりを公平に評価し適切な処遇の決定を行うことができるというメリットもあります。

・上司からみた「数値化」のメリット

　人事評価を行う際には、上司が部下に評価結果をフィードバックする面談を行うことが一般的です。この面談では、上司からみた評価と部下の自己評価について、双方の認識のギャップを埋めていく作業が行われます。このプロセスがうまく機能することで、部下のモチベーション向上や成長を促すことが期待できるのです。

　しかし、先述のように、評価項目そのものが主観を排除しづらい状態では、上司と部下の認識のギャップを埋めることができず、面談の効果を得ることは難しいです。さらに、評価する側の上司としても、面談自体が負担になってしまうことがあります。

　これに対し、「数値化」された評価項目を採用すると、上司と部下間の認識のギャップが生じることを防ぐことができます。具体的な数値にもとづいた評価は明確性があり、評価結果のフィードバック面談を行いやすくなるでしょう。

　結果として、面談を通じた部下指導・育成がしやすくなり、本来の目的である「部下がより良い行動をとれるように上司がサポートする」ということに集中することができるのです。

・部下からみた「数値化」のメリット

　部下にとって、人事評価は自身の成果や活動を確認することができる重要な機会になります。そのため、評価結果に対する納得感は極めて重要です。納得感が高まることで評価結果を受け入れやすくなり、自身のさらなる成長や改善のためのアクションを考えることができるからです。

　「数値化」された評価項目を導入すると、部下はどのような基準にもとづいて評価が下されたかを明確に理解することができます。

　例えば、ある取り組みについての目標値が"3回"と設定されているとします。この時の結果が"2回"であれば、目標達成まで1回不足していたという差異を具体的な数値で把握することができます。このような明確な基準があることで、仮に評価結果が良くなかったとしても、その理由や背景に納得することができるのです。

　この納得感は、単に評価結果を受け入れるだけではなく、自身の将来への行動や目標設定にも影響を与えます。これは、具体的な数値やデータにもとづいて、「できていた」「できていなかった」を明確に捉えることができるからです。結果として、「今回は目標達成できなかったが、次はどのようなアクションを取れば達成できるか」といった前向きなアプローチが生まれやすくなります。

　ここまでをまとめると、**図表4―10**のようになります。人事評価における「数値化」は、経営者・上司・部下それぞれに対してメリットがあるものです。これらを意識することで、より効果的な人事評価制度の構築につなげることができます。

図表4―10　人事評価における「数値化」のメリット

経営者	全社目標達成のための活動が推進される
上司	評価や面談を通じた部下指導・育成がしやすくなる
部下	自身の成長や改善のためのアクションが取りやすくなる

⑸　「数値化」をする際の考え方・ポイント

　ここからは、人事評価項目を「数値化」する際によく生じる疑問への対策や、円滑な運用を見据えた考え方・ポイントについて説明していきます。

・すべて「数値化」できるという前提で考える

　人事評価項目を「数値化」する際に、「うちの会社の業務は数値化が難しい」「○○部門の活動は数値化できない」という固定観念を持つ経営者や管理者は少なくありません。

　確かに、業務の性質上すべての活動を具体的な数値で管理することが難しいケースはあります。しかし、そのような前提から始めるのではなく、「どの部分であれば数値化できそうか」という風に考える姿勢が重要です。

　特に、総務・経理・人事など間接部門の評価項目を検討する際に、このような議論が起こります。

　直接販売や製造に関わる営業や製造部門の場合は、売上や利益に直結する活動が多く、評価項目を「数値化」しやすい傾向にあります。一方で、間接部門では、日常の業務と売上や利益との関連がみえづらいため、「数値化」が難しいと感じることがあるようです。

　このような時、対象となる組織が果たす役割や業務の目的を再確認することで、活動の「数値化」につながることがあります。

　例として、ある総務部の業務の目的を再確認することで、どのように活動を「数値化」するかについて考えてみましょう。

　まず、総務部が担う業務の目的には何があるでしょうか？　多岐に渡る業務が直接的には売上や利益に関わっていないとしても、その先には全社目標の達成があるのではないでしょうか。これが、目的の一つといえるでしょう。

　次に、この目的達成のために総務部に期待されることを考えてみます。

　ここで、全社目標を達成するためには "人材の確保" が最重要課題であるとしましょう。すると、「採用人員数の確保」を具体的な目標として設定することができます。

　このようにして具体的な目標を設定した後は、その達成のための重要な活動を「数値化」できるか考えてみましょう。ここでは、一例として「SNSでの発信回数」「各学校への訪問数」「候補者との面接実施数」などを挙げます。

　これらは、具体的な数値で管理することが可能であり、取り組み状況を踏まえてアプローチを修正することができます。

　このように、間接部門であっても「数値化」できることを前提に考えてみることが重要です。

　ただし、このような検討を重ねても「数値化」が難しいことは起こり得ます。そのような時にどう対応していくかについては、後述の評価シート作成方法のパートで説明します。

・数値を継続的に把握できる仕組みを構築する

　評価項目は「数値化」できたものの、対象となる活動の管理が不十分で、評価の際に実績値を把握することが難しいというケースがあります。

　例えば、評価項目に「新規訪問件数」を設定したとしましょう。これは、新しい顧客や取引先との接触を増やす活動であり、上位目標達成につながる重要な指標です。現場の担当者も、新規訪問を重要な取り組みと位置づけており、評価項目としてふさわしいものといえるでしょう。

　この活動を適切に評価するためには、各人の取り組み結果を十分に管理しておく必要があります。つまり、「誰がどれだけの新規訪問を行ったか」をカウントする必要があるということです。いくら評価項目を「数値化」したとても、活動実績を適切に管理しなければ納得感を高めることはできません。

　実績値の把握が難しいという状況が生じる原因はさまざまです。

　例えば、日常の業務が忙しく数値を管理するための時間やリソースが確保できないということが考えられるでしょう。ほかにも、数値を管理するためのシステムやツールが存在しない、あるいは適切に活用されていないということがあります。

　評価項目として設定した重要な指標の把握ができなければ、適正な評価はもちろん、その先にある上位目標達成に向けた検証や改善も難しいでしょう。

　この問題を解決するには、活動の状況や結果を把握する仕組みを構築することが必要です。

　私の経験では、活動を把握するための方法は、すでに何かしら存在

していることが多いです。例えば、社員が既存システムへのデータ入力を徹底することや、すでにあるデータを集計することで、適切に把握できる場合があります。

　このように、まず既存システムやルールの検証をすることで、数値を管理する方法が構築できるか検討してください。

　それでも難しいという場合は、新しいシステムやツールの導入が必要になるかもしれません。そうすると、初期の手間やコストがかかってしまい躊躇することもあるでしょう。しかし、結果として得られる効果は大きいので、検討する意義は十分にあります。

　評価項目を「数値化」する以上、適切にその数値を管理していくことは避けては通れません。評価項目の設定と同時に「どのように実績値を把握していくか」は、社員の働きぶりを適正に判断する上で非常に重要であることを理解してください。

・少ない評価項目から始めてだんだんと拡大していく

　数値を把握する仕組みをゼロから構築する場合、それが定着し適切に運用できるまで相応の労力や時間が必要になります。特に、数値を把握すべき対象が多いほど、業務負担が増えることになります。結果として、重要な活動の妨げとなってしまう恐れがあります。

　そこで、数値の把握を効果的に行い、確実な運用をしていくためにも、まずは評価項目を絞ることを推奨します。数値を把握するための方法がまったくないという状況であれば、目標となる結果指標を1～2個程度、手段となる活動に関する指標を3～4個程度に絞ってスタートするのがよいでしょう。

　このアプローチにより、適切に運用できているか検証しながら、

徐々に評価項目を拡大していくことが重要です。

　この段階的な取り組みは、社員が数値管理や評価方法に慣れるための助走期間としても有効です。このように、業務負荷を考慮しながら運用できる範囲を拡大させていくことが、人事評価制度を着実に定着させるポイントです。

3.「期待成果シート」作成編

　ここからは、ここまで説明した考え方にもとづいて、どのように人事評価制度に反映していくかについてみていきます。ここで紹介するのが「期待成果シート」です。これは、評価項目の「数値化」を含め、社員の働きぶりを適正に評価するための手法や工夫を盛り込んだ評価シートです。

　「期待成果シート」は、目標とその手段を「数値化」した項目に加え、「個人目標」「姿勢」などに関する項目を取り入れることで、社員を適正に評価することが可能になっています。全体を通して、「社員の不満につながりやすい主観的な要素を極力排除する」という考え方は一貫しています。

　それでは、どのように「期待成果シート」を作成していくのか詳しくみていきましょう。

⑴ 「期待成果シート」の全体像

　図表４―11に基本パターンとなる「期待成果シート」の全体像を示します。大きく分けて７つのパートから構成されており、この１シートで、ある社員の一定期間における成果や活動を評価することができます。

　ここから、「期待成果シート」を構成する各パートの考え方や作成方法について、ある会社の営業職を想定しながら説明していきます。

図表4—11 「期待成果シート」の全体像

期	評価期間	所属	ステージ	氏名		上司		提出日		
第　期	上期 下期							/		① 基本情報

経営理念										② 経営理念 全社目標 組織目標
全社目標										
組織目標										

	項目	定義	目標・実績	単位	4月	5月	6月	7月	8月	9月	配点	実績	達成P	
期待成果			目標											③ 期待成果
			実績											
			目標											
			実績											
期待職務			目標											④ 期待職務
			実績											
			目標											
			実績											
			目標											
			実績											
			目標											
			実績											
			目標											
			実績											
			目標											
			実績											

	定義		4月	5月	6月	7月	8月	9月	配点	実績	達成P	
姿勢	5　ほかのメンバーの見本になっていた　4　とてもすばらしかった　3　問題なくできていた											⑤ 姿勢

今期の個人目標	難易度 (1〜3)	成果	成果 (0〜3)	加点	
					⑥ 個人目標

	自己振り返り	上司アドバイス・コメント	
4月			⑦ コメント欄
5月			
6月			
7月			
8月			
9月			
総括			

※上記資料について、ダウンロード可能です。詳細は201頁をご覧下さい。

118

⑵　「期待成果シート」の作成方法１：「基本情報」

　図表４―12の記入例のとおり、評価を行うための基本的な情報を記入する欄です。会社によって記入する項目が変わることがありますが、以下に代表的な内容を示します。

図表４―12　「基本情報」の記入例

期	評価期間	所属	ステージ	氏名	上司	提出日
第41期	上期 下期	営業第１課	3	山田　太郎	鈴木　一郎	10/6

・評価対象となる期間

　評価対象となる期間を示します。評価対象になるのは「いつからいつまでの成果や活動なのか」ということをあらかじめ定めておきます。

　評価対象となる期間は、会社の決算年度と連動することが多いでしょう。なぜなら、年度ごとの経営目標にもとづいて、部門・部署目標や個人目標を設定し、その達成のための成果や活動が評価対象になるからです。また、評価結果が賞与額算定の判断基準となることが多く、上期・下期の半年間を単位として評価期間を定めることが一般的です。

・所属

　評価対象となる社員が属している組織を記入する欄です。「期待成果シート」では、各人の活動、つまりそれぞれが担っている職務に関する評価項目を設定していきます。そのため、部門や部署、職種によっ

て異なる「期待成果シート」を作成することで、一定のシート数になることがあります。

　それらを適切に管理するという意味合いも含めて、各人の所属組織を明確に記入しておきましょう。

・ステージ

　評価対象となる社員が、「役割スキル要件表」で定めたステージのどこに位置しているかを記入します。

　社員がどのステージに在籍しているかによって、期待される成果や活動が異なることが多いです。そうすると、「期待成果シート」もステージごと異なる評価項目を設定することがあるので、基本情報として記入しておくとよいでしょう。

・氏名／上司

　評価対象となる本人の氏名と評価者となる上司の名前を記入する欄です。

　場合によっては１次評価を直属の上司が実施し、その後、最終的な評価をさらに上位の役職者が実施することがあります。このような場合は、両者の氏名を記入し、「誰が評価を実施するのか」ということを明確にしておきましょう。

・提出日

　「期待成果シート」はある定められた期間の成果や活動を評価するためのものです。そのため、一定の評価期間が終了した後は、経営者や管理者へと提出し、処遇に反映するための集計作業が行われること

になります。

　評価を実施したという証明のためにも、運用の節目となる日付を記入しておくとよいでしょう。

⑶　「期待成果シート」の作成方法2：「経営理念・全社目標・組織目標」

　会社の未来像となる、経営理念や上位目標を記入する欄です。

　第2章で述べたとおり、人事評価制度の効果が出ない理由の一つに、「人事評価制度の本来の目的が理解されていない」ということがあります。この目的に常に立ち返るという意味で重要な部分です。

　人事評価制度を運用していくと、自己評価や面談などを通じて「期待成果シート」を確認する場面が多くあります。その際、「経営理念」「全社目標」「組織目標」などが記載されていることで、会社の未来像を定期的に振り返ることができるのです。

　例として**図表4─13**を示します。この例では、「経営理念」「全社目標」「組織目標」を記入する構成になっていますが、「ミッション」「ビジョン」など、会社の方針や状況に応じて追加や変更をしても問題ありません。

図表4─13　「経営理念・全社目標・組織目標」の記入例

経営理念	伝統的な技術を継承しながら、人々の生活を豊かにするモノづくりを追求する。
全社目標	＜今期目標＞ ①現有市場以外の新しい市場への進出を実現する。 ②生産能力の増強を図る（生産プロセスの見直しや設備・機械の更新などにより）。

組織目標	＜営業部目標＞ ①新市場において、新規取引先を10社開拓。②新市場での売上高3億円の達成。 ＜営業1課目標＞ ①新市場での売上高1億円の達成。②部署売上高6億円の達成。③部署粗利額3億円の達成。

⑷　「期待成果シート」の作成方法３：「期待成果」

　ここからが、評価項目の「数値化」を具体的に行っていくパートです。

　まず設定する項目が、「期待成果」です。これは、社員に達成を期待する"目標"にあたるもの、つまり上位目標達成の核心となる、特に重要な成果目標です。

　この指標を検討する際には、まず前提となる上位目標を確認します。

　前項で設定した上位目標をまとめると**図表4―14**のとおりです。

図表4―14　上位目標の関連図

営業部目標
①新市場において、新規取引先を10社開拓。 ②新市場での売上高3億円の達成。

↓

営業1課目標
①新市場での売上高1億円の達成。 ②部署売上高6億円の達成。 ③部署粗利額3億円の達成。

　この図は、ある営業職の社員に期待する目標の前提となる、営業部

及び営業1課の上位目標を示しています。

　次に、これらの上位目標からどのような個人目標の達成が期待されるかについて考えていきます。これを示したものが、**図表4—15**です。

図表4—15　上位目標から個人目標への落とし込み

営業部目標
①新市場において、新規取引先を10社開拓。 ②新市場での売上高3億円の達成。

営業1課目標
①新市場での売上高1億円の達成。 ②部署売上高6億円の達成。 ③部署粗利額3億円の達成。

個人目標
①新規取引先2社確保。 ②個人売上高5,000万円の達成。 ③個人粗利額2,500万円の達成。

　このように、上位目標から個人目標まで落とし込んだ上で、どの指標を「期待成果」として採用するか検討していきます。

　ここまで洗い出した指標は、すべて重要なものであることは間違いないでしょう。しかし、全指標を設定するのではなく、2〜3つ、最大でも5つ程度に絞ることが重要です。そうすることで、各人が特に意識すべき指標を示し、そこに注力することで達成の実現性を高めるのです。

　ここでのポイントは、個人目標のみならず、部門目標や部署目標などの上位目標も指標となり得るということです。

例えば、営業職共通の指標として、「新市場での売上高３億円の達成」という項目の採用が考えられます。こうすることで、個人目標の達成だけを意識するのではなく、「メンバー間で協力して共通の目標達成に取り組んでほしい」という経営者の方針を打ち出すことができるのです。

ここで、「部門や部署目標を採用すると、個人の評価に差がつかないのでは？」と思う方がいらっしゃるかもしれません。その対応方法については後述の配点の部分で説明します。

事例の会社では、「期待成果シート」に設定する指標について、**図表４—16**の３つに厳選しました。

図表４—16　「期待成果」として設定した指標

	項目	定義
期待成果	新市場売上高 （部門共通指標）	新市場における 累計売上高の達成
	売上高	個人売上高目標の達成
	粗利額	個人粗利額目標の達成

まず「新市場売上高」ですが、これはメンバー共通の指標として設定しました。それぞれの活動が個人主義になり、過剰な競争意識が生じることを防ぐためです。また、共通指標を設けることで、メンバー間の情報共有強化や協力体制構築につなげるという意図もあります。

残り２つは、「個人売上高目標」と「個人粗利額目標」を設定しました。両者は個人が達成を目指す指標であり、各人に期待する成果を明確にするために採用したものです。

このように、事例会社では３つの「期待成果」を設定しました。こ

れらの「期待成果」を各人が達成することで、上位目標の達成が想定できるか必ず確認しておきましょう。もし想定できなければ、よりふさわしい目標を再検討すべきです。

次は、「期待成果」の各項目について目標値を設定していきます。

これは、各人がどのくらいの目標を達成すれば、上位目標達成につながるのかという観点はもちろん、適正な評価をするという意味でも重要です。

まず、該当欄の構造について説明していきます。

図表4―17　各項目の目標・実績記入欄

	目標・実績	単位	4月	5月	6月	7月	8月	9月
目標								
実績								

設定した各項目に対して、**図表4―17**のように、目標と実績が記入できるようになっています。ここに、あらかじめ目標値を記入した上で、その実績値を評価結果に反映するのです。

また、それぞれは月次で記入できるようになっています。ここでは、4～9月となっていますが、これは事例会社の上期と対応しています。事例会社では、新年度が4月から始まり、上期の評価期間が9月までの半年間で設定されているためです。

ここで、"月次単位まで落とし込む"ということが、重要なポイントです。

人事評価制度を運用する中で重要なことは、各人の取り組みを振り返り、より望ましい活動につなげていくということです。これを行う

ための主な方法が面談の実施です。この面談の効果を高めていくためには、一定の頻度が必要です。

例えば、面談の頻度が半年に1回程度では、期中での軌道修正や改善が十分に行えないことが多いです。そこで、より良い活動や取り組みにつなげる最適な頻度が月次単位なのです。

実際、試算表の作成や給与の支払いなどのように、月次単位で実施する経営的な活動も多く、各人の活動の節目としても、月次が最適であると考えます。

事例会社が設定した「期待成果」について、月次目標を設定すると、**図表4―18**のようになります。

図表4―18 「期待成果」の目標値設定

	項目	定義	目標・実績	単位	4月	5月	6月	7月	8月	9月
期待成果	新市場売上高（部門共通指標）	新市場における累計売上高の達成	目標	300,000	千円	50,000	50,000	50,000	50,000	50,000	50,000
			実績								
	売上高	個人売上高目標の達成	目標	50,000	千円	7,000	7,000	8,000	10,000	8,000	10,000
			実績								
	粗利額	個人粗利額目標の達成	目標	25,000	千円	3,500	3,500	4,000	5,000	4,000	5,000
			実績								

このように、あらかじめ各項目の目標値を設定した上で、毎月の結果を実績欄に記入していきます。面談では、実績を上司と部下で検証し、翌月のさらなる活動や取り組みにつなげていくのです。

例えば、月次目標を上回る結果であれば、「どのような活動が良かったのか」「どのような取り組みをさらに強化していくか」ということを話し合います。また、月次目標が未達であれば、「挽回していくために、どのような活動をしていく必要があるか」「目標達成のために、ほかのメンバーから何かサポートが必要か」ということを検討し、よ

り良い活動や取り組みにつなげていきます。

⑸　「期待成果シート」の作成方法４：「期待職務」

　次は「期待職務」の設定をしていきます。これは、目標となる「期待成果」を達成するために、どのような活動や取り組みを行っていくかという"手段"にあたる部分です。

　事例会社では、**図表４―19**のように「期待職務」を設定し、それぞれ具体的にどのような活動や取り組みで測っていくかという指標を設定しました。

図表４―19　「期待職務」として設定する指標の洗い出し

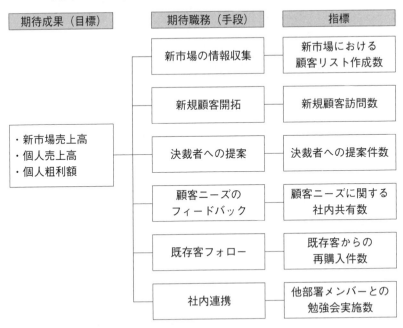

期待成果（目標）	期待職務（手段）	指標
・新市場売上高 ・個人売上高 ・個人粗利額	新市場の情報収集	新市場における 顧客リスト作成数
	新規顧客開拓	新規顧客訪問数
	決裁者への提案	決裁者への提案件数
	顧客ニーズの フィードバック	顧客ニーズに関する 社内共有数
	既存客フォロー	既存客からの 再購入件数
	社内連携	他部署メンバーとの 勉強会実施数

　この図のように、「期待成果」を達成するための重要な活動を「期

待職務」として洗い出します。そして、これらの活動を測るために、どのような指標がふさわしいかという流れで検討していきます。

　ここまで設定した後は、「期待成果」と同様に、各指標について具体的な目標値を設定していきます。「期待職務」で設定した各指標の目標を達成すれば、「期待成果」の達成にもつながると想定される目標値を設定しましょう。

　ここで難しい点は、「期待職務」の推進が「期待成果」の達成に必ずしも直結しないということです。

　つまり、「期待職務」で示した目標値を達成しても、「期待成果」を達成できないこと、またその逆も起こり得るということです。なぜなら、「期待成果」の達成は、ほかのさまざまな要因に影響されるからです。例えば、「期待職務」が十分に遂行されなくても、突発的な大型受注で「期待成果」を達成してしまうことも考えられます。

　そこで、「期待職務」の目標値は、その社員に期待する役割やスキルを踏まえながら、「この程度はやってほしい」という、ある程度大まかな設定で問題ありません。

　運用を進める中で検証を重ねていくと、どの程度の目標値を設定すれば、「期待成果」の達成につながるかが、徐々に明確になっていくはずです。

　事例会社では**図表４ー20**のように「期待職務」の目標値を設定しました。

図表4—20 「期待職務」の目標値設定

	項目	定義	目標・実績		単位	4月	5月	6月	7月	8月	9月
期待職務	新市場の情報収集	新市場における顧客リスト作成数	目標	60	社	10	10	10	10	10	10
			実績								
	新規顧客開拓	新規顧客訪問数	目標	24	件	4	4	4	4	4	4
			実績								
	決裁者への提案	決裁者への提案件数	目標	4	件	0	1	1	0	1	1
			実績								
	顧客ニーズのフィードバック	顧客ニーズに関する社内共有数	目標	6	件	1	1	1	1	1	1
			実績								
	既存客フォロー	既存客からの再購入件数	目標	6	件	1	1	1	1	1	1
			実績								
	社内連携	他部署メンバーとの勉強会実施数	目標	3	回	0	1	0	1	0	1
			実績								

　「期待成果」と同様に、この目標値に対して毎月の結果を実績欄に記入し、月次目標に対する進捗を管理していきます。そして、面談を行い、期中でのより良い活動や取り組みにつなげていきます。

(6) 「期待成果シート」の作成方法5：「姿勢」

　次は「姿勢」について説明します。これは、仕事に向き合う態度や姿勢を人事評価に用いるという項目です。

　会社の一員として、内外の関係者と関わり合いながら仕事を進める中において、社員に望ましい姿勢を求めることは当然でしょう。実際、社員に対して「こういう姿勢で仕事に向き合ってほしい」ということが明確な経営者は多いです。そのため、態度や姿勢を評価項目として採用することには異論はありません。

　ただ、適正な人事評価という観点では、態度や姿勢の評価をどう行うかは特に注意が必要です。なぜなら、先に述べた主観を排除するこ

とが非常に難しいからです。

　例えば、「自分の役割を果たすために全力で業務に取り組んだか」について評価するために、「責任性」という評価項目を設定したとします。上司は、部下の日々の行動や事実にもとづいて、この「責任性」を評価するわけです。

　ここで、先にも述べた以下の理由から、上司と部下で認識のギャップが生じることになります。ここで、上司から納得ある説明ができなければ、部下の不満につながってしまうのです。

・　評価者がすべての行動や事実を見ることができないから
・　行動や事実の捉え方が結局主観的になってしまうから

　また、部下の望ましくない態度や姿勢がみられた場合には、上司がそれを正していく必要があります。

　しかし、ここでも、態度や姿勢の難しさがあります。

　人間の態度や姿勢は、過去からの価値観や深層心理、その時の感情などが影響します。そのため、人事評価という限られた場を通じて、本人を納得させた上で正していくのは容易ではありません。

　いくら部下の実際の行動や事実を積み重ね指摘したとしても、人の態度や姿勢を根本から正すのは困難といえるでしょう。主観的な視点が排除できなければなおさらです。

　このように、態度や姿勢の評価は難しい一方で、仕事を進めていく上で大事な要素であることも事実です。

　そこで、「期待成果シート」では、以下の工夫をして評価に用いていきます。

＜「姿勢」を適切に評価するためのポイント＞
① 具体化
② 自己チェック方式
③ プラス評価

それぞれについて説明していきます。

① 具体化

　先ほど「責任性」を評価するために、「自分の役割を果たすために全力で業務に取り組んだか」という定義を設定した例を挙げました。この定義は「責任性」を表すという観点では問題ないものの、人事評価として考えると主観的な視点が入りやすくなると考えます。

　例えば、“全力で”という表現がありますが、この言葉に対する捉え方や基準は人により異なるはずです。このような表現に対する認識が統一されないまま人事評価を進めてしまうと、上司と部下間で評価のズレが生じやすくなるのです。

　そこで、態度や姿勢の評価を行う際には、その内容を具体化することで、できる限り主観を排除していくことが重要です。実際に評価項目を設定する際には、「どういう行動が望ましいか」「どういうことを期待しているのか」について、実際の業務を想定して具体的な事例を示していくのです。

　ある会社では、「責任性」について**図表4─21**のような具体的内容を示しました。

図表4─21　「責任性」の具体的内容

「責任性」の具体的内容
・担当する業務やプロジェクトの期限に遅れたとしても、その原因を分析し上司や関係者に適切な報告をしたか。
・ある仕事に対して、自ら単独では完了が難しいと感じた部分について、早めにメンバーや上司にサポートを求めていたか。
・将来の業務やプロジェクトで予測される問題点に対して、早期に対策・提案し問題の発生を未然に防ぐ動きをしていたか。

　このようなレベルまで具体化することで、その会社における「責任性」が、どのようなことを示しているのかが明確になります。完全に主観を排除できるとは言い切れませんが、具体的な事例があることで、上司と部下の認識はより一致しやすくなります。

　実際に態度や姿勢の評価項目を設定する際には、このようなイメージで各項目を丁寧に具体化することが重要です。

　この時、第2章で説明した「MVV方針」のバリュー（行動指針）を作成していれば、その内容を必ず確認してください。バリューは、「ミッションやビジョンの実現に向けて、会社が大切にする基本的な価値観」であり、仕事を進める上での態度や姿勢に大いに関連するからです。

　態度や姿勢の具体的内容を検討していくと、「頭の中のイメージを言葉に出すことが難しい」「検討メンバー間で方向性がまとまらない」という場合があります。

　このような時に有効な進め方を以下に紹介します。

　態度や姿勢を表す代表的な項目には、「規律性」「積極性」「責任性」「協調性」があるといわれています。これらの事例をまとめた書

籍（野原茂（2008）『人材評価着眼点シート』経営書院）から、評価項目の具体的内容を検討する方法です。

　まず、**図表4—22**のように、評価項目の具体的内容としてイメージに合致する内容を選んでいきます。ここでは、検討メンバーが思い描く「責任性」の具体的内容について、それぞれ上位10項目を投票しています。そして、投票数上位から、評価項目の具体的内容を作成するという方法です。

図表４―22 「責任性」の具体的内容投票シート

	具体的内容	社長	専務	常務	工場長	部長	投票数
	・指示したことを忘れることはなかったか。または後回しにすることはなかったか。	○	○	○	○	○	5
	・安心して仕事を任せることができたか。					○	1
	・他に依存することはなかったか。	○		○	○	○	4
	・優柔不断なところはなかったか。	○	○				2
	・仕事上において第三者に対し社員としての自覚に欠けるところはなかったか。						0
	・言い訳が目立っていなかったか。		○	○	○	○	4
	・自分の仕事を勝手に他人に依頼したり、押しつけたりすることはなかったか。	○	○	○	○	○	5
	・重大な意思決定をズルズル延ばし、タイミングを誤ったり、利益を逸したことはなかったか。						0
	・安易に上司に決定をゆだねることはなかったか。	○		○	○		3
責任性	・与えられた仕事は最後までやり終えていたか。		○	○	○		3
	・仕事を途中で投げ出さなかったか。						0
	・自分の失敗を他人に転嫁しなかったか。		○			○	2
	・約束した期限、期日を守っていたか。	○			○	○	3
	・引っ込み思案なところはなかったか。						0
	・仕事の進捗状況を常に把握していたか。		○				1
	・自己管理は適切であったか。	○		○			2
	・上司に直言する勇気はあったか。						0
	・やり終えた後に、フォローする意識をもっていたか。	○	○	○	○	○	5
	・報告や連絡、伝言を正しく行っていたか。	○	○				2
	・部下の責任についても回避したりしなかったか。	○		○	○	○	4
	・部下の失敗に対する対応が適切だったか。						0
	・部下のやらなかったことを、自分のこととして処理していたか。		○	○	○	○	4

　参考として、投票結果から設定した「責任性」の具体的内容を**図表４―23**に示します。

図表４―23　投票結果から設定した「責任性」の具体的内容

具体的内容	投票数
・指示したことを忘れることはなかったか。または後回しにすることはなかったか。	5
・自分の仕事を勝手に他人に依頼したり、押しつけたりすることはなかったか。	5
・やり終えた後に、フォローする意識をもっていたか。	5

　このような方法で検討メンバーの考えを集約し、各項目の具体的内容を定めることができます。

②　自己チェック方式

　ここで、「仕事を進める上での態度や姿勢を、評価項目として設定する目的は何か？」について考えてみたいと思います。

　その最も重要なことは、「望ましい態度や姿勢にもとづいて、実際に行動できること」ではないでしょうか。そのため前項では、態度や姿勢に対する認識の統一をするために、評価項目の具体的内容を示す方法を説明してきました。

　しかし、それでも依然として"言葉による評価"であることには変わりなく、「評価者がすべての行動や事実を見ることができない」「行動や事実の捉え方が結局主観的になってしまう」という問題はつきまといます。この状態で、上司から部下の望ましくない点を指摘したとしても、部下が心から納得して行動を正していくのは、まだまだ困難

であるといえるでしょう。

　ではどうすれば、本来の目的である「望ましい態度や姿勢にもとづいて実際に行動できること」が実現できるのでしょうか？

　これに対する回答として、「本人が自ら気づくことで改善していくこと」が最も重要であると確信しています。

　そのために、「期待成果シート」では自己チェック方式を採用し、本人が自らの態度や姿勢を振り返る形式を取っています。こうすることで、望ましい態度や姿勢が取れていたかについて、他人ではなく自分が判断することで気づきを促していくのです。

　小売業を営むW社の事例を紹介します。W社では、**図表4―24**のような自己チェックシートを作成し、毎月丁寧に振り返る時間を設けたことで、以前よりも経営者の大事にしている価値観が社員の間に浸透してきました。

　日々顧客と接する機会が多い業種ということもあり、経営者は日頃から「どのような姿勢でお客さまに対応するか」について、大事にしている考えを言葉で伝えていました。しかし、なかなか思うように浸透していきませんでした。

　そこで、人事評価制度を導入するタイミングで、経営者の想いや考えを具体的に書き出し、自己チェックシートに落とし込みました。こうすることで、「具体的にどのようなことを意識して仕事を進めていけばいいのか」について、社員がより理解できるようになりました。そして、人事評価の運用を通じて定期的に振り返ることで、自らの行動を改善する気づきを多く得られるようになったのです。

　この取り組みを継続することで、経営者が考える望ましい態度や姿勢が会社全体に浸透してきています。

図表4－24　小売業W社の自己チェックシート

項目	具体的な行動や考え方	自己チェック
役割を意識し責任を持つ	・自身の役割を意識し、その責務をしっかりと把握していましたか。	☐
	・トラブルや問題が発生した時、すぐにその解決のため行動を起こしていましたか。	☐
	・自分だけでは対応が困難な事例に対して、上司に助言を求めていましたか。	☐
率先して行動する	・自分自身で短期・長期のゴールを立て、それを達成するために活動していましたか。	☐
	・自ら積極的に問題に対応していましたか。	☐
	・トラブルや問題を後回しにせず、すぐに取り組んでいましたか。	☐
より良いサービスを提供する	・主体的にトレーニングや研修に参加していましたか。	☐
	・習得した知識や情報を、社内に共有していましたか。	☐
	・学んだ内容を業務や提供するサービスに具体的に適用していましたか。	☐
コミュニケーションを大事にする	・他者に情報や意見を伝えた際、相手の理解をしっかりと確かめていましたか。	☐
	・日常的なコミュニケーションや対話を適切に行っていましたか。	☐
	・相手の意見に耳を傾け、意見や感じたことを伝えていましたか。	☐
チームワークを発揮する	・メンバーの意見を取り入れながら、問題に対処していましたか。	☐
	・何らかのミスや失敗が生じた際、一緒に問題の解決策を模索していましたか。	☐
	・チームのメンバーを大切にし、配慮深くコミュニケーションをとっていましたか。	☐
常に謙虚さを持つ	・資格や経験があったとしても慢心せず謙虚に行動していましたか。	☐
	・お客さまやメンバーに対して感謝の気持ちで接していましたか。	☐
	・相手の意見や立場を尊重し、協力的な姿勢を取っていましたか。	☐

③　プラス評価

　ここまで、態度や姿勢の具体的内容を示し、社員がそれを自ら振り返ることで気づきを促し、より望ましい行動につなげていくことについて述べてきました。

次は、ここまで設計した内容にもとづいて、どのように評価をしていくか説明していきます。態度や姿勢についても、「期待成果」「期待職務」と同様に、社員の取り組み結果が評価点として反映されることになります。

この評価をする際のポイントが、"プラス評価"をするということです。

「期待成果シート」では、態度や姿勢の評価について、**図表4—25**のような3段階の基準を採用しています。

図表4—25　態度や姿勢の評価基準

5点	他のメンバーの見本になっていた
4点	とてもすばらしかった
3点	問題なくできていた

この評価基準では3点が基準となり、望ましい行動が取れていれば、4点、5点というように点数が上がっていきます。

ここで重要なポイントがあります。それは、「全員が基準点の3点以上を取得できる」ということです。

一般的な人事評価では、望ましくない行動があった時には、2点や1点をつけ評価を下げることになりますが、あえて最低でも3点を取得できる設計にしています。

なぜかというと、ここまで述べてきた方法でも態度や姿勢の評価から主観を完全に排除することが難しいからです。

主観を排除できない状況で悪い評価を下してしまうと、部下の不満につながりやすくなり、人事評価制度の本来の目的を達成できませ

ん。そこで、仮に不十分な結果であったとしても一定の評価点を保証する形にしています。

　一方で、「それでは評価ができないのでは」という意見を持つ方がいらっしゃるでしょう。

　そこで、良い取り組みについては４点、５点という評価ができるようにしています。肯定的なフィードバックをされることで、さらに良い行動につなげやすくなります。その結果、本来の目的である「会社が期待する望ましい行動」がより促進されるのです。

　さらに、評価点の配分を調整することで、評価における不公平感を抑制する方法も採用しています。この点については後に説明していきます。

　このように、態度と姿勢についてはプラス評価で運用することにしていますが、それでも“言葉による評価”には変わりありません。

　そこで、評価の公平性や納得性を高めるために、人事評価の基本ルールである「観察記録（※）」をした上で、フィードバックする必要があることには留意してください。

※「観察記録」とは？
　人事評価制度における「観察記録」とは、評価対象者の日常の振る舞い、対人関係など、行動や事実を継続的に記録するもので、評価の根拠として用いるものです。
　「観察記録」には以下のような目的があります。

・客観性を確保するため
　記録にもとづき評価を行うことで、主観的な評価や偏見を避けるこ

とができます。

・フィードバックへの理解を深めるため
　評価面談時に、具体的な事例にもとづいてフィードバックすることができ、相手の理解を深める助けとなります。

・成長促進のため
　評価対象者が自分の行動や取り組みを振り返る機会を持つことで、自己認識を高め、自己改善の動機づけにつながります。

　以上のように、「観察記録」は人事評価制度において、行動や取り組みを正確かつ公平に評価するための重要なツールとなります。

　ここまで、態度や姿勢を適切に評価するためのポイントとして、具体化・自己チェック方式・プラス評価の考え方を説明してきました。

　次は、これらの考え方を踏まえて、どのように評価していくかについてみていきます。

　先に述べたように、態度や姿勢の代表的な評価項目には「規律性」「積極性」「責任性」「協調性」があります。

　それぞれの具体的内容を作成していくと一定の項目数になり、「期待成果シート」の枠組みの中に収まりきらないことが多いです。

　そこで、「期待成果シート」の項目には「行動基準に沿った行動が取れていたか」のみ記載し、具体的内容については「行動基準リスト」として別紙で管理することを推奨します。

　この参考例を**図表4―26**に示します。このように、各評価項目の具体的内容を一覧化することで、自己チェックをしやすい体裁にしています。

図表4－26 「行動基準リスト」の例

○○社　行動基準リスト　一般職用

＜規律性＞組織のルールや方針、手順を守る態度や行動
☐　理由なき遅刻や無断欠勤などをせず、会社のルールを守ったか。
☐　上司の指示への感情的な反抗などはなかったか。
☐　会社の機材や備品などを大切に扱い、職場の整理整頓・美化に努めたか。

＜責任性＞自分に与えられた仕事を全うする意欲や行動
☐　途中で投げ出さず、与えられた仕事は最後までやり遂げたか。
☐　自分の仕事を勝手に相手に依頼したり、押し付けたりすることはなかったか。
☐　約束した期限・期日を守り、報告や連絡、伝言を正しく行えたか。

＜協調性＞チームの一員として互いに協力しあう態度や行動
☐　チームメンバー同士はもちろん、他部門とも進んで協力しながら業務に取り組んだか。
☐　休んだ人のカバーや他の人が嫌がるような仕事も進んでやろうとしたか。
☐　他の人の意見をよく聞き、その意見を尊重する態度であったか。

＜積極性＞現状以上にするという意欲や行動
☐　チャレンジ意欲が旺盛であったか。
☐　必要な知識や技能を常に身に付けようとしていたか。
☐　難しい仕事や困難な作業でも進んで処理しようとしていたか。

次に、具体的な評価手順を**図表4－27**に示します。

図表４—27　態度と姿勢と評価手順

手順１	・本人が「行動基準リスト」について自己チェックをする。

↓

手順２	・面談で、「行動基準リスト」にもとづいた振り返りを実施。

↓

手順３	・上司からみた、部下の態度や姿勢のフィードバックを行う。

　まず、本人が「行動基準リスト」の各項目について自己チェックしていきます。明記された内容について、「できていたか」「できていなかったか」を振り返っていきます。

　次に、上司との面談を実施します。特に、自己チェックで「できていなかった」とした項目について、今後どのようにしていくべきかを上司と対話しながら考えていきます。

　最後に、上司からみた部下の態度や姿勢に関するフィードバックを行います。

　自己チェックの結果がどうであれ、評価点数は３点以上がつきますが、良い行動については、その根拠を伝えた上で４点、５点と評価していきます。

　ここまで態度や姿勢に関する評価方法・手順について説明してきました。態度や姿勢の評価は特に注意が必要ですので、ぜひ本書で述べた方法を参考に進めてみてください。

⑺　「期待成果シート」の作成方法６：「個人目標」

　人事評価制度では、社員が自らの個人目標を設定し、その取り組み結果を評価として反映することがあります。

　この個人目標を評価に用いることについて、後に述べる難しい面がある一方で、うまく運用できれば効果は非常に大きいです。そこで、「期待成果シート」においても、効果的に運用できる工夫をした上で個人目標の評価を採用しています。

　ここで、第3章で示した「役割スキル要件表」と個人目標の関連図を再掲します。

図表3―3（再掲）　「役割スキル要件表」と個人目標の関連

　この図が示しているように、個人目標は上位目標の達成につながるということが前提にあります。これを踏まえた上で、具体的な目標設定の参考にするのが「役割スキル要件表」です。「役割要件スキル表」に明記された期待役割や必要なスキルが、個人目標の指針となるのです。

　私の経験上、このような個人目標を評価に反映している会社は比較的多いです。この背景には、個人目標への取り組みが、会社の目標達

成や個人の成長に有効であるという「目標管理制度（※）」の考え方を取り入れたい経営者が多いからだと思われます。しかし一方で、「目標管理制度」を評価制度としてうまく活用できている会社は少ないというのが私の印象です。

　なぜなら、評価制度の運用の中で以下のような問題が生じやすく、「目標管理制度」で期待する効果を得ることが難しいケースが多いからです。

※「目標管理制度」とは？

　「目標管理制度（MBO：Management by Objectives and self-control）」とは、社員が全社目標の達成に寄与する個人的な目標を設定し、その達成度合いによって人事評価を決める方法です。

　この「目標管理制度」は、経営学の父ともいわれるピーター・ドラッカーが提唱した考え方であり、会社目標の達成に貢献する目標を自ら設定することで、自主性を養うことやモチベーション向上につながるなどのメリットがあるといわれています。

　ドラッカーは、個人が大きな成果を達成するためには、単に上司からの指示やコントロールだけでは不十分であり、自己管理が不可欠であると説いています。その意味で、自らの役割や責任を理解し、それにもとづいて行動するという自律（self-control）という考え方が「目標管理制度」のポイントであるといわれています。

　「目標管理制度」は、組織目標の達成につながる個人目標を設定し、その達成のための手段を実行し、結果を振り返り改善していくというサイクルを組織的に回す仕組みです。

・同ステージの社員間で目標の難易度がばらつく

　同じステージに在籍する社員間で目標の難易度に差が生じるため

に、適正な評価が難しくなることがあります。

　個人が置かれた状況や担当している業務を踏まえて目標設定するので、社員間で難易度のばらつきが出るのは当然のことです。これについては、個人に焦点を当てている個人目標としては問題ありません。しかし、公平な人事評価を行うという観点で考えると、これは適切ではありません。

　例えば、「役割スキル要件表」において同ステージの社員A・Bの2名がいるとします。同じステージにいるので、期待される役割やスキルの水準も同等です。

　ここで、両者が目標設定すると、それぞれの難易度が**図4―28**のようになることがあります。

図表4―28　社員A・Bが設定した目標の難易度

社員A	達成する難易度が高く、挑戦的な目標。
社員B	比較的容易に達成可能と考えられる目標。

　この時に、より難しい目標を設定した社員Aが、あと一歩のところで目標を達成できず、社員Bは目標を達成できたとしましょう。すると、この結果を評価に反映することで、容易な目標を設定した社員Bの評価が、難しい目標にチャレンジした社員Aより上回るということが起こり得るのです。

　高い目標にチャレンジした社員にとって、この評価には納得できないと感じることでしょう。これが続けば、高い目標に挑戦するという意欲がそがれてしまうことにもなりかねません。

・人間心理として達成しやすい目標を設定してしまう

　今述べてきた目標設定の難易度にも関連することですが、「良い評価を獲得するために、より達成しやすい目標を設定する」という心理が働いてしまうことがあります。より良い評価を得たいという心理から、より容易な目標設定へと水準を引き下げてしまうことが起こるのです。

　本来は、一定の難易度があるチャレンジングな目標を設定することで、上位目標の達成や本人の成長を促すという目的があります。しかし、人事評価に反映されることで、その目的に反することが起こってしまうのです。

・上司間の評価基準の一貫性を保つことが困難

　個人目標には、回数や期限などを設定し、成果を測れるようにするという基本的な考え方があります。こうすることで、成果を明確な基準にもとづいて判断できるので、どの上司が判断しても評価結果は同じになるのです。

　しかし、目標があいまいな内容であったり、成果を測りにくくなっていたりすると、上司の評価にばらつきが生じてしまうことがあります。

　そうすると、たとえ部下が同じ結果を出したとしても、上司によって評価が変わってしまうということが起こります。つまり、ここでも主観的な視点が影響し、評価の一貫性を保つことが困難になってしまうわけです。

　結果として、人事評価制度そのものの公平性や納得性が損なわれてしまうのです。これでは、「目標管理制度」で目指す本来の目的を実

現することはできないでしょう。

　以上、個人目標を人事評価として採用する際によく起こる問題点を
挙げました。このような問題を防ぐことができれば、個人目標の成果
を人事評価に反映するメリットは多くあります。
　そこで、「期待成果シート」においては、それぞれの問題点に対し
て**図表4─29**のような対策をとります。

図表4─29　個人目標を人事評価に採用する際に生じる問題点への対策

問題点	対策
同ステージの社員間で目標の難易度がばらつく	目標の難易度を考慮する
人間心理として達成しやすい目標を設定してしまう	加点要素として評価点を算出する
上司間の評価基準の一貫性を保つことが困難	できる限り少ない人数で評価する

　それぞれについてみていきましょう。

・対策1：目標の難易度を考慮する
　先に述べたように、個人目標を設定する際には、個人目標の達成が
全社・部門といった上位目標達成に寄与することが前提になります。
さらに、「役割スキル要件表」の各ステージで期待される役割や必要
となるスキルを踏まえて、個人としてふさわしい目標を設定します。
そのため、同ステージにいる社員であれば、両者の個人目標のレベル
は近いものになるのが理想的です。
　一方で、同ステージにいたとしても、職種の違いや一定の役割やス
キルの差があることで、目標のレベルに想定の範囲以上に差がついて
しまうことがあります。これが、公平感や納得感を得られにくくなっ

てしまう要因となるのです。

　そこで、個人目標を設定する際には、難易度を考慮することが重要になります。

　つまり、"より難しい目標に挑戦する"ということ自体を評価に加味するということです。具体的には、**図表4―30**のように、目標を設定した時点で難易度が評価に反映できるように段階をつけておきます。

図表4―30　目標に対する難易度設定の例

難易度	3点	挑戦的なレベルの目標
	2点	標準的なレベルの目標
	1点	比較的容易なレベルの目標

　ここでは、目標に対して3つの段階を設定していますが、会社の方針により段階数を変えてもよいでしょう。

　この例では、標準的なレベルの目標であれば、真ん中の2点としています。これを基準として目標のレベルを判定し、難易度の点数に差がつくようになります。こうすることで、より難しい目標に挑戦していくという姿勢を評価に加味することができます。

　このように、個人目標の難易度を評価結果に反映することで、「難しい目標にチャレンジしていこう」というメッセージになり、より高い目標に挑戦する風土を築くことにもつながるのです。

・対策2：加点要素として評価点を算出する

　ここまで、より高い目標へ挑戦することへの公平性や納得感を高めるために、目標の難易度を評価に反映する方法を述べてきました。しかし、この対策を講じたとしても、先に述べた「良い評価を得るため

に達成しやすい目標を設定する心理が働く」ということは起こり得ます。

　各人が達成しやすい目標ばかり設定してしまうと、「目標管理制度」で目指す本来の目的を達成することは困難です。そのため、この心理を抑制する何らかの対策を講じることが必要です。

　この対策として有効な方法は、個人目標の評価に**図表4―31**のような"加点式"を用いるということです。

　どういうことかというと、個人目標以外の項目で満点の100点を獲得できる設計とし、個人目標はあくまで加点要素として評価点を算出するということです。こうすると、難しい目標を達成できず加点が0点だったとしても、それ以外の評価項目で十分にカバーすることができます。もちろん、成果を出した社員には適切に評価点として反映することが可能です。

　このように、加点式にすることで、「目標管理制度」本来の目的を実現するための、より挑戦的な目標設定を促すことにつながるのです。

図表4―31　個人目標の「加点式」のイメージ

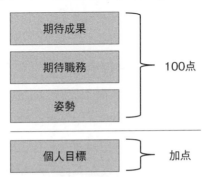

次に、どのように加点部分を計算するかについて説明します。「期待成果シート」では、前項の"難易度"に加えて、目標に対する"成果"それぞれに配点をつけ、掛け合わせた数値を加点として算出します。

この例を図表4—32に示します。

図表4—32　加点部分の計算方法

今期の個人目標	難易度 （1〜3）	成果	成果 （0〜3）	加点
今後6か月間のうちに、既存顧客からのフィードバックを5件以上収集し、それを新規顧客獲得のアプローチに反映させる。	3	既存客から6か月間で7件のフィードバックを収集し、それにもとづいて新規顧客への提案資料を更新した。	3	9

例えば、難易度が"1点"の比較的容易な目標を設定し、成果が"3点"となる高い水準で評価されたとします。この場合、両者を掛け合わせた"3点"が加点されます。また、難易度が"3点"の挑戦的な目標を設定し、"3点"となる水準で達成すれば、加点は"9点"になります。

それぞれの配点については、会社の方針に従って調整することが可能です。ただし、加点部分を極端に大きくすると、本来の趣旨から外れてしまうので、最大でも15〜20点程度に抑えることを推奨します。

・対策3：できる限り少ない人数で評価する

前項で難易度と成果を評価し加点にすることで、よりチャレンジングな目標設定を促すということを述べてきました。しかし、その判断基準が上司間でばらついてしまう、つまり上司により難易度や成果の判定にズレがでてしまうと、たとえ加点にしたとしても不満につながる可能性が高くなります。

　そこで、難易度と成果の判定は、極力少ない人数で行うことが重要です。例えば、経営者単独、または経営陣数名の協議で決定するというイメージです。こうすると、各社員の目標を統一された基準で判断できるようになり、公平感や納得感を得やすくなるのです。

　もちろん、限られた人数で判断することには負荷がかかります。そのため、会社の規模が大きいほど、評価者がみるべき社員が多くなり、運用が難しくなることが想定されます。しかし、それをする意義は大いにあります。

　「目標管理制度」の効果を最大化するためのポイントであることを踏まえ、できる限り限られたメンバーで個人目標の評価をすることを意識してください。

⑻　「期待成果シート」の作成方法7：「コメント欄」

　最後は「コメント欄」について説明していきます。ここでは、**図表4―33**のように、毎月の取り組みについて部下が自ら振り返り、上司からアドバイスやコメントを記入していきます。

　活動を1か月間進めてくれば、うまくいった点や反省点などが必ずあるはずです。そこで、まず本人が「さらに良い取り組みを進めていくために翌月以降何をすべきか」「うまくいかなかった点を改善するにはどうすればいいか」というような振り返りを行っていきます。さらに、上司から部下にアドバイスをすることで、翌月以降のさらなる活動につながるように後押しします。

　上司と部下がコメント欄に記載するというルールを設けることで、人事評価や面談について意識が向きやすくなり、コミュニケーションの促進にもつながります。

図表4—33　コメント欄の記入例

	自己振り返り	上司アドバイス・コメント
4月	顧客からクレームがありましたが、迅速に対応することができました。しかし、事前に情報が共有されていれば、もっとスムーズに対応できたと思います。	情報共有の方法やタイミングを再検討し、改善策を実行していきましょう。
5月	新規顧客5社を訪問しましたが、実際に商談に進んだのは2社でした。残りの3社は現在の製品ラインナップに興味を示しませんでした。	新規顧客訪問の取り組みは良好です。興味を示さなかった3社のフィードバックを検証して、次のアプローチ方法を考えましょう。
6月	チーム内のコミュニケーションがスムーズに行えず、何度か認識のズレが生じてしまいました。	チーム内のコミュニケーションの難しさは理解しています。週次のミーティングを設定して、情報共有を強化しましょう。
7月	技術部門との勉強会を1回実施できました。製品についてより深く理解することができたので、もっと頻度を増やしていければと思います。	技術部門との連携は非常に重要です。残り2か月間で2回以上の実施を目指してください。
8月	今月は、顧客からのフィードバックを3件収集し開発部門と共有しました。特に新製品の要望が多く寄せられていました。	フィードバック収集と社内共有の取り組みはすばらしい。新製品の要望はさらに詳細に知りたいので、ぜひフォローアップしてください。
9月	期初から始めた既存客向けのフォローが実を結び、3社から追加の発注を受けることができました。定期的なコミュニケーションの重要性を再認識しました。	フォローアップの取り組みが成果を上げておりすばらしいです。このアプローチを継続し、ほかの顧客にも展開してください。さらなる成果を期待しています。
総括	この半期で、個人売上高目標と粗利目標の双方を達成することができました。新規顧客の獲得努力や既存顧客へのフォローを実施したことが大きな要因と考えています。来期もこの成果を維持・拡大する取り組みを続けていきます。	売上高と粗利額の目標達成は非常にすばらしい結果です。ぜひ、成功事例をほかのメンバーにも共有して、全体の成果向上につなげていきましょう。今後も全面的にサポートしますので、引き続きの活躍を期待しています。

(9)　配点の考え方

　次に、「期待成果シート」の配点の考え方、つまりどのように評価点を設定するかについてみていきます。

　ここまでみてきたとおり、「期待成果シート」を構成する主な項目

には、「期待成果」「期待職務」「姿勢」があります。さらに、それぞれの中に複数の具体的な評価項目が設定されます。これらに対する取り組み結果が、最大100点の評価点として算出される流れになります。

そこで、各項目の合計が100点になるように配点するわけですが、ここについて重要な考え方がありますので以下に説明していきます。

・「姿勢」の配点は5～10点程度に抑える

「姿勢」に関する評価は主観を排除することが難しい側面があるため、「具体化」「自己チェック方式」「プラス評価」という方法を採用することを説明してきました。しかし、それでも“言葉による評価”には変わりなく評価の難しさは残ります。そこで、より公平感や納得感を高めるために配点においても工夫します。

それは、「姿勢」の配点を100点満点中の5～10点程度に抑えるということです。こうすることで、評価のズレが生じない「期待成果」と「期待職務」で設定した、「数値化」された評価項目の配点に重きを置くことができます。

仮に、「姿勢」の評価に納得できない点があっても、配点が低く抑えられていることで、評価制度そのものへの不満にはつながりにくくなります。評価結果は、配点の大部分を占める「数値化」された評価項目次第で決まるということが明確だからです。

・上位ステージほど、「期待成果」に関する評価項目の配点を大きくする

「役割スキル要件表」で定めたステージによって、評価項目の配点を変更することが重要です。具体的には、社員の置かれているステー

ジによって「期待成果」と「期待職務」の配点を変えていくことが、より良い活動につなげるために有効です。

　通常、下位ステージの社員には、具体的な数値目標の達成というよりは「基本的な仕事を確実に担当する」という役割が期待されるでしょう。一方、上位ステージになるに従って、具体的な数値目標達成が期待されることが通常です。評価項目の配点を決める際には、この考え方を反映させることが重要になります。

　具体的には、下位ステージの場合は、活動それ自体になる「期待職務」、上位ステージでは、結果となる「期待成果」の配点を多くするということです。こうすることで、ステージごとに期待される成果や活動が、より推進されていくのです。社員にとっても、各評価項目の配点をみることで、「自分に何が期待されているか」ということが認識しやすくなる面もあります。

・上位ステージほど、組織に関する評価項目の配点を大きくする

　「期待成果」の評価項目では、部門や部署といった組織単位に加え、各人まで落とし込んだ個人単位の指標を設定することがあります。例えば、営業職の「期待成果」を設定する場合、営業部共通の組織目標として「部門売上高」を、個人目標として「個人別売上高」を設定することが考えられます。

　このような組織と個人単位の指標について、配点を調整することで役割に応じた取り組みを促進することが可能になります。

　通常、上位ステージになるほど、メンバーを主導して成果を出すことが求められます。一方、下位ステージの場合は、まず自らの業務に注力し成果を出すことが期待されることが多いでしょう。

　そこで、**図表4―34**のように、「上位ステージの社員は、組織単位の評価項目の配点をより大きくする」「下位ステージの社員は個人単位の評価項目の配点をより大きくする」という考え方が有効です。こうすることで、各ステージで期待される役割を踏まえて、より重要な取り組みに焦点を当てることが可能になります。

図表4―34　ステージ別の配点イメージ

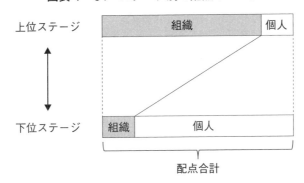

　もちろん、組織と個人それぞれの評価項目に対して、どう配点を設定するかは会社の方針によっても異なります。例えば、全員で共通の結果を出すという意識づけをするために、「ステージ問わず組織単位の評価項目の配点をより大きくする」という考え方もあるでしょう。自社の方針を踏まえ、各ステージの社員がどの指標に焦点を当てるのが有効かという視点で、「期待成果」の配点を検討してください。

⑽　間接職の「期待成果シート」の作成方法

　ここまで、「期待成果シート」について、営業職の例を挙げながら作成方法を説明してきました。会社の収益に直接関わる営業職は、活動や取り組みを「数値化」しやすいため、評価項目の作成が比較的容

易であることが多いです。

　一方で、「数値化」を前提とした評価項目を作成する際に、必ずといっていいほど問題になるケースがあります。それは、「総務・経理・人事などの間接業務を担う社員の評価項目の設定が難しい」ということです。

　先に述べたとおり、この対応策として「すべて数値化できるという前提で考える」ことが重要です。しかし、それでも間接職の業務が数値で捉えにくく、評価項目の設定が困難な場合があります。

　そこで、ここからは間接職向けの「期待成果シート」の作成方法について説明していきます。

　その前に、間接職の場合、なぜ評価項目の「数値化」が難しいかについてみていきましょう。主な理由として以下が挙げられます。

・遂行自体が目的となるルーティン業務が多い

　間接職の業務は、反復的なルーティンワークが多く占められています。これらの業務は、"実行そのもの"が重要であり、量やスピードよりも、正確さや継続的な実施が求められる傾向があります。

　例えば、総務担当者が行う書類作成業務について「どれだけ多くできたか」という量的な評価をしても、あまり意味をなさないことが多いといえるでしょう。

　このように、間接職が担う職務の大半がルーティンワークで占められていることで、数値的な評価項目の設定が難しいということが起こるのです。

・短期的な成果としてすぐに現れにくい

　間接職に期待される成果は、一般的な人事評価制度で定められる半

年間や1年間といった期間で現れてこないことが多いです。

　例えば、人事担当者が企画した「社員研修プログラム」を社内に導入するとしましょう。この「社員研修プログラム」の効果は、導入直後というよりも、数年後に社員のスキルアップとして現れてくることが通常ではないでしょうか。

　このように、間接職それぞれの活動や取り組みは、何らかの成果につながっているはずですが、それらは長期的な結果として現れてくる傾向にあります。そのため、間接職の成果について、一般的な人事評価制度で定める期間で測ることが難しい側面があるのです。

　それでは、間接職の活動や取り組みについて、どのように評価項目を作成すればよいのでしょうか。

　そのポイントを説明するために、ある会社の総務職を想定した「期待成果シート（※）」を図表4―35に示します。ここから、各項目について順次説明していきます。

図表4－35　総務職社員の「期待成果」シート

※「期待成果」と「職務」部分のみを抜粋。そのほかの項目は、先述の「期待成果シート」と同様。

	項目	定義	目標・実績		単位	4月	5月	6月	7月	8月	9月	配点
期待成果	全社利益額	全社粗利合計	目標	300,000	千円							5
			実績	0	千円	45,000	50,000	55,000	45,000	50,000	55,000	

	項目	定義	配点
重要職務	人事労務管理	社員の福利厚生の提供と管理を適切にできたか。	9
	法務・契約管理	契約書の管理や法的問題への対応ができたか。	9
	職場環境管理	職場における健康と安全の確保ができていたか。	9
	情報管理	ITシステムの維持・更新が適切にできたか。	9
	イベント管理	社内イベントや研修の計画・実施ができたか。	8
	リスク管理	リスクを評価・管理し、緊急時の対応ができたか。	8
	CSR活動	社会的責任に関する活動の実施・報告ができたか。	8

5	十分にできていた	4	不十分な点があった	3	業務に支障が出ていた

	項目	定義	単位	目標・実績		4月	5月	6月	7月	8月	9月	配点
挑戦職務	カイゼン提案	業務の改善につながる提案を行った件数	件	目標	6	1	1	1	1	1	1	10
			件	実績	0							
	業務自動化	自動化した業務の数	件	目標	3	0	1	0	1	0	1	10
			件	実績	0							
	ブランディング活動	SNS発信回数	件	目標	12	2	2	2	2	2	2	10
			件	実績	0							

※間接職用の「期待成果シート」基本フォーマットを、ダウンロード可能です。詳細は201頁をご覧ください。

① 「期待成果」

　本章において、間接部門で「数値化」が難しい場合に、目的を再確認することで具体的な指標を検討する方法を述べてきました。

　このようなアプローチ以外にも、会社から期待される役割や担当業務の内容を踏まえて、さまざまな「期待成果」の設定が可能であると考えます。

　例として、**図表4―36**に間接職の「期待成果」となる指標を示します。このように、間接職であっても、さまざまな指標を「期待成果」として設定できます。先に述べた「すべて数値化できるという前提で考える」ことを意識して、固定観念にとらわれず検討することが重要です。

図表4―36　間接職の「期待成果」指標の例

職種	項目	内容
総務人事	社員一人あたりオフィス経費	オフィス運営の経費効率を示す指標。
	規定・マニュアルの更新数	社内規定やマニュアルの維持・最新化を示す指標。
	採用コスト	採用活動の経費効率を示す指標。
	研修参加率	社員のスキルアップや教育の取り組みを示す指標。
	有給休暇取得率	社員のワークライフバランスの度合いを示す指標。
経理	経費差異	経費コントロールの成果を示す指標。
	未清算の経費申請数	経費精算の迅速性や管理の適正さを示す指標。
	仕訳エラー数	仕訳の正確性を示す指標。
	入金遅延率	請求金の回収が適切に行われているかを示す指標。
	月次決算の遅延日数	経理業務の迅速性を示す指標。
営業サポート	提案資料の作成時間	営業サポートの迅速性を示す指標。
	営業資料の利用頻度	資料の有用性を示す指標。
	案件の進捗管理率	営業案件の進捗管理の徹底度を示す指標。
	問い合わせ応答時間	サポートの迅速性や問題解決力を示す指標。
	営業サポートへの満足度	営業サポートの品質を示す指標。

それでも間接職の「期待成果」を設定しづらいという場合に、別の考え方を紹介します。

　それは、**図表4—35**の例で示したような、「上位目標を設定する」ということです。この例では、「全社粗利額」を間接職の「期待成果」として設定しています。これは、間接職の活動や取り組みが、直接的ではないにしろ会社全体の目標達成に貢献しているという考え方にもとづいています。

　こうすると、「間接職の活動や取り組みが上位目標の達成につながっている」という意識を高めることができ効果的です。

② 「重要職務」

　間接職の活動や取り組みは、その遂行自体が目的となるルーティンワークが主となることが一般的です。このため、間接職の職務に関する評価項目の設定が難しい面があります。

　そこで、これらのルーティンワークを評価項目として設定する際には、無理に「数値化」するのではなく、あえて定性的な評価項目として設定します。ただし、後述の方法により、できる限り主観から起こる問題が生じないような工夫をします。

　具体的な方法としては、間接職が担う職務を7〜8個程度のかたまりで洗い出し、それぞれについて定義を記載します。**図表4—35**の例では、「人事労務管理」という評価項目に対して、「社員の福利厚生の提供と管理を適切にできていたか」という定義を設定しています。

　このような方法で、ある程度大枠で間接職の職務を洗い出し、評価項目として設定していきます。次に、これらの評価項目に対する評価基準の設計についてですが、ここに主観から生じる問題を防ぐポイン

トがあります。

　まず、評価基準は**図表4―37**のように3～5点の3段階で設定します。

図表4―37　「重要職務」の評価基準

基準	内容
5点	十分にできていた
4点	不十分な点があった
3点	業務に支障がでていた

　この評価基準のポイントは、業務が十分にできていれば満点の5点が得られるということです。つまり、ルーティンワークを滞りなく進めることができれば、評価点としては最大になるのです。

　一般的な定性的項目の評価では、5段階程度の評価基準を採用することが多いです。この基準では、中央値の3点を基準として良い評価であれば4、5点、不十分な評価であれば2、1点となるわけです。

　このような評価基準で難しいことは、間接職のルーティンワークに対して、何をもって"良い"という評価を下すかということです。もちろん、ルーティンワークといっても工夫や改善を行うことで、良い評価を得られることもあるでしょう。しかし、その判断には主観から生じる上司と部下の認識のギャップがつきまといます。結果として、会社全体での評価決定基準があいまいとなり、公平感や納得感を得られないということが起こるのです。

　一方で、ルーティンワークの遂行に何か問題があれば、それは明確に判断できるはずです。なぜなら、ルーティンワークは一定の期限や定められた水準が設定されていることが多く、それに対するギャップ

を判定しやすいからです。

このような理由から、間接職が主として担当するルーティンワークについて、先述のような3段階の基準を設定します。このような工夫をすることで、できる限り主観から起こる問題が生じることを防いでいきます。

ここで、「同じルーティンワークを担当していても、社員によって働きぶりが異なる。そこはどのように評価すればよいのか？」という疑問を持つ方がいらっしゃると思います。

確かに、「求められる水準で期限どおり遂行した場合」と「求められる水準で完了した上で、他の業務まで範囲を広げて遂行した場合」では、後者の方がより良い評価になるでしょう。

そこで、間接職の職務に関する評価には、このような観点を反映できるように「挑戦職務」という項目を設けています。

③ 「挑戦職務」

「挑戦職務」とは名前のとおり、職務の中でも挑戦的な対象を評価項目として設定するものです。これは、間接職が担うルーティンワークを遂行した上で、さらに期待される＋αの業務という位置づけです。

図表4—35の例では、「業務の自動化」「ブランディング活動」などを設定しています。それぞれ、「業務の効率化を図るため」「SNSでの発信を強化していくため」ということを目的に、ルーティンワークに加えて実施することが期待される職務です。これらを実施できれば、会社や組織がより良くなっていくという期待が込められています。

この「挑戦職務」については、評価項目を「数値化」し具体的な目標値を設定します。「具体的に何をどのくらい実施してほしい」とい

うメッセージにもなりますし、主観を排除し評価の公平性や納得性を高めることができるからです。

　このような考え方にもとづいて、間接職の「挑戦職務」を設定します。この「挑戦職務」には、社員がそれまで取り組んだことがない対象が設定されることがあります。すると、重要性はわかっているものの、なかなか取り組みに着手できないということが想定されます。

　そこで、人事評価制度を導入する当初は、「挑戦職務」の配点を抑え目にすることを推奨します。「挑戦職務」の配点を大きくしてしまうと、「通常業務を確実にやっているのにきちんと評価されない」という不満につながる恐れがあるからです。

　まず「挑戦職務」という考え方を理解し、少しずつ意識を向けていってもらうことが、人事評価制度をスムーズに導入しより良い活動や取り組みにつなげる秘訣です。

　人事評価制度の運用を重ね、「挑戦職務」という考え方や目的が浸透した後は、**図表4―38**のように配点を大きくすることや、項目を追加していくことを検討しましょう。「重要職務」として設定したルーティンワークをはやく確実に実行し、さらに期待される＋αの「挑戦職務」を進めていくという意識が浸透していけば理想的です。

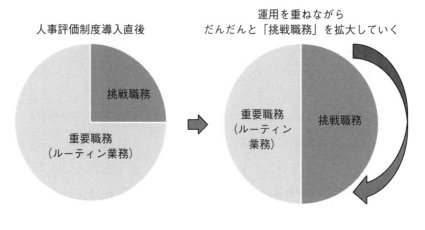

図表4—38 「重要職務」「挑戦職務」の配点バランスイメージ

4. 「期待成果シート」運用編

　次に、人事評価制度の運用において、どのように「期待成果シート」を活用していくのかをみていきます。

　ここでは、評価期間の開始時点・評価期間中・評価期間終了後に分けて、それぞれのタイミングで何を行うのか説明していきます。

(1) 評価期間の開始時点

　一般的な人事評価制度の運用では、半年間や1年間といった評価期間が設定されることが多いでしょう。期初はこの期間のスタート時点をイメージしており、以下を行っていくことになります。

①　上位目標となる経営目標を設定する

　ここまでみてきたとおり、「期待成果シート」では上位目標から「期待成果」「期待職務」に落とし込み、個人の活動や取り組みを設定していきます。そして、人事評価制度本来の目的を実現するために、できる限り評価項目を「数値化」し主観を排除していることに特徴があります。

　このような背景から、まず上位目標を具体的に示さなければ、社員レベルで何に取り組むべきか明確にすることはできません。

　第2章で説明した「MVV方針」や「戦略マップ」をすでに作成していれば、それらにもとづいて経営目標を示すことが比較的容易です。

　例えば、「MVV方針」で定量的なビジョンを設定していれば、その実現のために「今期は何を達成する必要があるか」を考えれば、経営目標の設定ができるはずです。また、「戦略マップ」で設定した「財務」「顧客」「業務プロセス」「人材・成長」それぞれの視点で何を達成すべきかを確認し、より細分化した目標設定をすることも可能です。

　このようにして設定した目標は、「期待成果シート」の上位目標欄に記入しておきます。

②　「期待成果」「期待職務」「挑戦職務」の目標値を設定する

　次は、上位目標を達成するための各評価項目の目標値を設定する流れになります。

　「期待成果シート」において、目標値を設定するのは「期待成果」「期待職務」「挑戦職務」の部分です。その際、社員の裁量にまかせるのではなく、あくまで会社が各人に期待する目標値を設定します。もちろん、話し合いをすることは問題ありませんが、最終的には会社側

で決定した目標値を示すということが重要です。

　個人まかせにしてしまうと、すべて目標達成しても上位目標の達成につながらないことや、目標設定の基準が異なることで評価自体に不公平感が出てしまうことになりかねません。

　それでは、どのように具体的な目標値を設定していくかみていきましょう。

　まず「期待成果」については、上位目標達成のために、各人がどの程度の水準で目標達成が必要かという視点で設定します。

　例えば、営業職の指標として「個人売上高」があるとします。この時に、メンバーそれぞれが目標を達成すれば、結果として上位目標の「全社売上高目標」を達成できる水準に設定することが前提になります。

　次に、「期待職務」と「挑戦職務」については、「期待成果」の達成にはどの程度の活動や取り組みが必要かを考えます。

　これらは、あくまで業務プロセスであり、取り組みの程度が結果に直結するとは断言できない面があります。つまり、先にも述べたように、「期待職務」と「挑戦職務」に記載された目標をすべて達成しても「期待成果」の達成につながらないこと、またその逆があり得るということです。例えば、「新規訪問件数」の目標を上回っても、「期待成果」として設定した「売上高目標」が達成できないというケースが起こり得ます。

　このように「期待成果」の達成には、本人の取り組み以外の外部要因が影響することがあります。そのため、「期待職務」と「挑戦職務」について、どのような根拠にもとづいて目標値を設定すべきか難しい面があります。

　そこで、「期待職務」と「挑戦職務」の目標値を設定する際には、前期の取り組み結果を検証しながら、適正な目標値に調整していくことが必要です。

　例えば、「期待職務」の中で「新規訪問件数」は目標未達、「決裁者との面談数」は目標達成したとします。その結果、「期待成果」の「目標売上高」はあと一歩届かなかったと想定します。この時に、「決裁者との面談数」を増やせば、「目標売上高」が達成できるという仮説を立てるとしましょう。そうすると、翌期は「新規訪問件数」の目標値を下げ、「決裁者との面談数」を上げることで、より「期待成果」の達成につながる活動に注力するという方向づけができるのです。

　各人の活動や取り組みを確実に成果につなげていくためにも、「期待職務」と「挑戦職務」の目標設定は常に検証と改善を重ねていくことが重要です。

③　個人目標を設定する

　個人目標は、各ステージで期待される役割や必要なスキルなどを踏まえて、社員それぞれが自らの目標を設定するものでした。この個人目標についても、上位目標の達成につなげていくという前提があるので、経営目標が示されるタイミングに設定していきます。

　個人目標を設定する際、その方向性や目標値が妥当かどうか、本人が悩むことも多いでしょう。そこで、上司と相談しアドバイスを得ながら個人目標の設定を進めていくことが有効です。

　これは「目標設定面談」と呼ばれますが、目標設定時点で上司が関わることで、より成果につなげやすくなるといわれます。なぜなら、目標達成に向けた取り組み過程で、何か問題が生じた時やアドバイス

が必要になる場合に、上司があらかじめ部下の目標を把握していた方がフォローアップしやすくなるからです。

　個人目標を設定した後は、各人の難易度を判定します。

　ここで、容易に達成できそうな個人目標があった場合は、より高い目標への挑戦を促すことが重要です。本人にとってより挑戦的な目標の達成を目指すことで、上位目標の達成や本人の成長につながるからです。

(2)　評価期間中

　期中では、「期待成果シート」で示された評価項目の達成に向けて取り組んでいきます。

　各評価項目が「数値化」されているので、期中での取り組みの検証や改善が行いやすくなります。

　特に面談においては、取り組み結果が数値として現れてくることで認識のギャップが生じにくくなり、上司と部下の本来あるべき関わりができるようになります。つまり、良い結果であれば「なぜ良かったのか？」「何を継続していけばよいか？」について、思わしくない結果であれば「どのように改善していけばよいか？」について焦点を当てやすくなります。

　期中では以下のような手順で進めていきます。

①　活動や取り組みの結果を「期待成果シート」に記入する

　一定のタイミングごと、各人の活動や取り組みの結果を「期待成果シート」に記入していきます。「期待成果」「期待職務」などの「数値化」された評価項目の場合、目標に対する実績値を記入します。

　実績値を集計する方法は、会社によって管理方法や使用しているシステムなどが異なるためさまざまです。ある会社では、各人が自らの活動状況を営業管理ソフトに日々入力し、管理者が一定期間ごと集計した実績値を発表しています。

　数値を集計するタイミングについては、基本的に月次単位を推奨します。本章で述べたとおり、人事評価制度を運用する中で重要なことは「各人の取り組みを振り返り、より望ましい行動につなげていく」ことです。その意味で、一定の頻度で取り組みを検証し改善していくことが重要です。私の経験では、2〜3か月の頻度では期中で検証や改善を十分に行うことができないので、月次が最適なタイミングであると考えています。

②　自己振り返り

　活動や取り組み結果を記入すると同時に、それらについて自ら振り返りを行います。具体的には、「期待職務」や「挑戦職務」の各項目について、どの程度取り組むことができたか、またその結果として「期待成果」の達成状況はどうだったかなどを確認します。そのほかにも、行動基準リストや、個人目標の進捗状況などを振り返ります。

　ここでのポイントは、結果の良し悪しはどうであろうと「さらなる向上や改善をするにはどうすればよいか？」について自ら考えることです。他人から言われるよりも、自ら考えて決めたことの方が行動につながりやすいからです。もちろん、何か悩むようなことがあれば、後の面談で上司にアドバイスを求めることもできます。

③　面談の実施

　自己振り返りの後は上司と部下で面談を実施します。

　「数値化」された評価項目に対する結果は、上司と部下でブレることはなくなります。両者の評価にギャップが生じ、上司が評価を下した理由をこと細かく説明するようなことは避けられるはずです。

　そのため、部下のさらなる行動へ向けて上司が一緒に考えるというスタンスで臨めば、うまく面談を進めることができるでしょう。

　一方で、定性的な評価項目の場合、上司は部下の行動や起こった事実を挙げながらフィードバックしていく必要があります。「期待成果シート」では間接職の「重要職務」や「姿勢」の評価がこれに該当します。

　主観を排除できないことから生じる問題を防ぐために、「期待成果シート」ではさまざま工夫をしています。そのため、面談ではしっかりと評価材料にもとづいて指摘することを意識してください。そうすることで、より良い行動を後押しするという面談の本来の目的を果たしやすくなるはずです。

⑶　評価期間終了後

　評価期間終了後は「評価結果を処遇に反映する」ということが重要です。「期待成果シート」を用いて各人の活動や取り組みを判断した後に、その結果を処遇に反映するということです。

　具体的には以下の手順で進めていきます。

① 　自己振り返りの実施

　評価期間が終了すると、評価期間を通じてどの程度の取り組みがで

きたか、当初の目標に対する達成度合いが判明します。

　まず、「期待成果」と「期待職務」に関する結果を確認しましょう。すると、例えば「期待成果」が未達だった場合に、今後「期待職務」のどの項目に注力すべきかなど、結果からさまざまなことがみえてくるはずです。

　そのほか、「個人目標」や「姿勢」についても、評価期間を通じてどの程度取り組めたか、結果はどうだったかを確認します。

　期末を迎えればすぐに翌期がスタートします。評価期間中の取り組みを総括し、翌期に反映していくことが重要です。

②　個人目標の評価実施

　「個人目標」については、上司間での評価基準のばらつきを防ぐために、限られたメンバーでの評価が重要であることを述べました。評価期間終了後には、この考え方にもとづき各人の評価を実施します。

　まず、各人が個人目標への取り組み結果について具体的に記入します。そして、その内容を評価者が確認し、成果についての評価を行うという流れになります。

③　面談の実施

　評価期間終了後の面談についても、基本的な進め方は評価期間中に実施する内容と同様です。ただし、翌期以降の活動や取り組みを検討するタイミングですので、本人の中長期的な目標を確認することや、月次の面談よりも広い視野で話し合うことが重要です。

　この面談において、最終的な評価結果が判明しますので、異議や問題がないかなどについて上司と部下で確認しておきましょう。

④　処遇への反映

　各人の評価結果にもとづいて賞与や昇給へと反映していきます。タイミングによっては、昇格昇進を実施することもあるでしょう。

　一般的には、半期ごとの評価結果を賞与に、年間の評価結果を昇給や昇格昇進に反映することが多いです。各人の評価結果を集計してから、比較的限られた時間の中で決定していくケースもあり、段取りよく進めていくことが重要になります。

5. 「期待成果シート」の作成・運用で　　よく起こる問題と対策

　「期待成果シート」の作成や運用を進めていくと、さまざまな問題や疑問点が出てくるはずです。それらに適切に対応していくことが、人事評価制度の本来の効果を出していくためにも重要になります。

　そこで、ここから「期待成果シート」の作成や運用の中でよく起こる問題や疑問点を取り上げ、どのように対応していくかについて説明していきます。

(1)　評価項目の「数値化」はできるが、実績値を把握できない

　評価項目を「数値化」することができても、その実績値の把握が難しいということが多くの会社で起こります。これについては本章ですでに説明しましたが、非常に多く発生する問題ですので改めて詳しく説明します。

　「期待成果」「期待職務」などで設定した評価項目について、「対象となる指標の管理が不十分で、実績値を示せない」ということはよく起こる問題といえるでしょう。評価として反映する以上、適正な実績値を常に把握することは非常に重要です。

　この問題への対策は、「評価項目に関する指標を管理できる体制を構築する」ということに尽きます。

　しかし、何も管理できていない状態から、急に10や20といった項目を確実に把握するのは難しいでしょう。そこで、人事評価制度導入当初は限られた評価項目から始めて、徐々に管理できる項目を増やしていくことがポイントです。

　評価項目として設定する活動や取り組みは、その重要さから、すでに何らかの形で情報が残されていることが多いものです。そのため、まずはそれらの整理や集計をすることで、実績値を把握できるか確認しましょう。もし不十分であれば、「どういう情報を収集するか」「どのタイミングで誰が入力するか」など、実績値を確実に把握するための方法やルールの検討が必要です。

　場合によっては、人事評価制度を導入するタイミングで、新しいルールやシステムを構築することが必要になります。

　例えばある会社では、社員の日々の活動状況を紙の日報で管理していました。評価項目として設定した活動や取り組みは、この日報の中に何らかの形で記載されており、それらを集計できれば月次単位で実績値を管理していけることがわかりました。

　しかし、社員全員の日報から、関連する内容を目視で拾い上げ、集計していくのはかなりの負荷と時間を要します。そこで、人事評価制度導入を機に、紙の日報を表計算ソフトに置き換えることにしました。

入力ルールが変わることで社員が戸惑った面がありましたが、人事評価に反映する前提があるので、以前よりも意識して入力するようになっていきました。入力さえ確実に行えば、実績値を自動で集計できるので、比較的スムーズに管理できるようになった事例があります。

このような管理方法やルールの変更には一定の負荷がかかります。しかし、「期待成果シート」の導入に合わせて、実績値を正確に管理していくことには大きな意義があります。

なぜなら、上位目標達成につながる、重要な取り組みや活動への振り返りと改善の精度が高まるからです。そして、運用の中でその対象を広げていくことで、上位目標達成につながる望ましい活動や取り組みの推進が加速されていくはずです。

(2) 「期待成果シート」を何種類作成すべきか判断がつかない

「期待成果シート」では、期待される成果や、それを達成するための職務について、個人レベルまで落とし込み評価項目を設定していきます。そのため、社員の属している組織や担当する職務によって異なる「期待成果シート」を作成することが通常です。つまり、組織数×職種数分の作成が必要になるということです。

この観点から、「期待成果シート」の作成数は必ずしも社員規模と比例しないことに注意が必要です。

例えば、社員数が約50名のある会社には、5つの部門がありました。この会社の特徴は、各部門が製造から販売まで行う体制となっており、部門の中で職種が細分化されていることです。

実際に検討を進めていくと、最終的には30種類程度作成することになりました。各部門の中に複数の職種があり、それぞれ異なる職務を

担当していることで、比較的多くの「期待成果シート」を作成した事例です。

　一方で、同じ50名程度の組織でも、部門や職種数によっては「期待成果シート」の数が10種類未満というようなケースもあります。

　極端にいえば、社員それぞれの職務がすべて異なるのであれば、社員別の「期待成果シート」が必要になります。逆にいうと、そこまで細分化しなければ、各人を適正に評価するのは難しいということです。

　ただし、すべての社員で異なる「期待成果シート」を作成するケースは現実には皆無といっていいでしょう。会社という組織である以上、社員に期待される成果や職務には共通の項目が必ずあるからです。

　「期待成果シート」を何種類作成すべきか悩む場合、まずは組織数×職種数分が必要になることを基本として検討してください。そして、各人が経営目標達成につながる成果や活動を意識できるかという視点で、どの程度細分化すべきか考えることが重要です。

⑶　「期待成果シート」導入時の目標値設定が難しい

　「期待成果シート」の運用を開始する際に、各評価項目の目標値設定が難しいということが起こります。これは、評価対象となる成果や活動について、それまで具体的な目標値を設定してこなかった場合によく生じる問題です。

　これは、どの程度活動を推進すれば、その結果となる成果の達成につながるか検証できていない、つまり基準がないために起こります。このような時は「この程度達成すれば上位目標の達成につながるだろう」という目標値を概算で設定することがポイントです。

　その後、トライアル運用の中で成果や活動の結果の検証を重ね、正

式な目標値を設定し本運用へ移行するとよいでしょう。

　ここで、トライアル運用では、目標値自体が手探りの状態になることが多いので、評価の公平性が損なわれる可能性が高くなります。そのため、評価結果をそのまま処遇に反映すると、不公平感や不満が生じる恐れがあるので注意が必要です。トライアル運用の段階では、評価結果の処遇への反映は一定程度に留めることを推奨します。

⑷　評価結果に部門間格差が生まれてしまう

　評価期間終了後に「期待成果シート」の結果を集計すると、部門間に顕著な差がつくことがあります。例えば、営業部の平均点が総務部の平均点よりも20〜30％高いというような場合です。

　実はこのようなことは、「期待成果シート」の設計故に比較的起こりやすいことです。

　まず前提として、評価項目を「数値化」していることで、設定した配点以上に評価点が算出されることがあります。

　例えば、「新規訪問件数」という評価項目の配点を10点とし、半期で20件の目標を設定していたとします。そして、半期の取り組みの結果、社員Aは10件、社員Bは30件実施したとしましょう。この時、両者の評価点は**図表4―39**のようになります。

図表4―39　両者の評価点の比較

項目	目標	配点
新規訪問件数	20件	10点

社員A	結果	評価点
	10件	5点

社員B	結果	評価点
	30件	15点

　社員Aの結果は10件、これは目標の20件に対して半分（50％）という実績になります。これを評価点として計算すると、10点（配点）×50％＝5点（評価点）となります。

　一方、社員Bの結果は、目標の20件を上回る30件（150％）という結果でした。同じく計算すると、10点（配点）×150％＝15点（評価点）となります。

　このように、目標に対する実績を評価点として算出するため、目標以上の結果を出すと配点を超える評価点がつくことがあります。

　このような考え方から、「数値化」された評価項目への配点が高い組織や職種ほど、評価結果の広がりが大きくなる傾向があります。これが理由で、先ほどの例のように営業部の平均点が総務部よりも20〜30％高いということが起こり得ます。

　「数値化」を前提とした「期待成果シート」において、このように組織や職種間で一定の格差が出ることはやむを得ません。

　しかし、このような設計から生じる格差を是正しないまま処遇に反映してしまうと、不満が出ることが予想されます。そこで、**図表4ー40**のように評価点を評定に置き換えるという作業を行います。

　この例では、部門間に生じる評価点の格差を考慮した上で、評定に置き換える際に是正する仕組みにしています。

図表4—40　部門間格差の是正イメージ

	S	A	B	C	D
営業部・製造部	130点以上	110点以上130点未満	90点以上110点未満	70点以上90点未満	70点未満
その他部門	120点以上	100点以上120点未満	80点以上100点未満	60点以上80点未満	60点未満

　このような格差を見極める方法として、人事評価制度導入時にトライアル評価を実施するとよいでしょう。これは、各組織や職種において数名ずつ選定し、「期待成果シート」を用いて評価してみるということです。

　そうすると、評価項目数や配点の違いにより生じる、組織や職種間での評価格差の傾向がみえてくることが多くあります。それを踏まえて、例のような評価点と評定の関係表を作成するとよいでしょう。

　どの程度の幅を持たせて評価点を評定に置き換えるのかについての絶対的な答えはありません。そのため、制度運用後も評価点の傾向をみながら、評定への適切な置き換えの調整をし精度を高めていくことが重要です。

⑸　個人目標の難易度が低い社員への対応

　個人目標の取り組み結果を人事評価として反映すると、「良い評価を獲得するために、より達成しやすい目標を設定してしまう」という心理が働くことがあると述べてきました。これに対して、難易度の考慮や評価結果を加点とすることで、より高い目標へのチャレンジを促す考え方は説明してきたとおりです。

　しかし、実際に個人目標の運用を開始すると、比較的容易な目標を

設定する社員が必ずといっていいほど出てきます。もちろん、難易度を考慮しているので、公平性という観点では問題はありません。しかし、それでは上位目標の達成や本人の成長にはつながりにくくなってしまいます。

　そこで、比較的容易に達成できると判定した個人目標については、その結果を本人に伝え「もう少し高い目標に挑戦しませんか？」というような確認をすることが重要です。この際、本人へ期待していることや、より高い目標へ挑戦することが成長につながることをしっかり伝えることがポイントです。

　それでも目標を変更しないというのであれば、無理に強制する必要はありません。次章で説明する方法や考え方を取り入れていきながら、本人が自ら挑戦的な目標を設定していくような運用を目指していきましょう。

第 **5** 章

人事評価制度を
根付かせ、効果を最大に
していくための
7つの方法・考え方

1. 人事評価制度の本来の目的を
　　繰り返し伝える

　第1章で述べたとおり、人事評価制度の本来の目的が理解されていないと、いくら運用を重ねても効果を出していくのは難しくなります。そこで、人事評価制度の導入時に、その目的が社員に伝わるまで丁寧に説明することが重要です。

　また、人事評価制度の運用を開始した後も、継続的にこの目的を伝えることが大切です。人事評価制度を運用していくと、だんだんと"評価制度を運用すること"それ自体に目が向きやすくなり、"点数を付けること"が目的になってしまうことがあるからです。

　確かに、社員の立場で考えてみると、自らの処遇やキャリアに関わる人事評価の結果に自然と目が向くことはやむを得ないでしょう。しかし、"点数を付けること"ばかりに焦点が当たると、点数が決まる過程にある「どうすればより良い行動につなげていけるか？」ということが意識しづらくなってしまいます。

　結果として、会社が本当に実現したい未来像や、その実現のために必要な経営目標達成につながりにくくなってしまうのです。

　そこで、運用を開始した後も「なぜ人事評価制度が必要なのか？」「人事評価制度を通じて何を目指すのか？」ということを繰り返し説明することを意識してください。

　実際、私が人事評価制度構築の支援をする場合は、さまざまな場面で目的を繰り返し説明するようにしています。

　人事評価制度を導入する会社に共通する目的として、「会社の未来像を実現するため」「経営目標を達成するため」ということが挙げられるでしょう。これは、第2章で説明した「MVV方針」や「戦略マップ」などが関連する部分です。このような会社の未来像を、管理者が集まる会議や社員向け説明会などにおいて、繰り返し何度も伝えます。

　この際に重要なことは、経営者が自らの言葉で説明するということです。第三者が目的を伝えるのと、経営者が伝えるのでは社員の受け取り方は大きく変わります。

　私が関与した建設業のF社では、以下の目的を経営者が繰り返し説明することで、効果的な運用につなげています。

＜F社の人事評価制度導入の目的＞
● 　社員全員の生活の質を向上させるため
● 　組織内の連携と協力体制を強化するため
● 　それぞれが成長し強みを伸ばせる環境を提供するため

　一見すると月並みな表現かもしれませんが、経営者がこれらの背景にある想いや考えについて、本人の言葉で説明していることがポイントです。そうすることで、社員がより受け入れやすくなるのです。

　人事評価制度を導入してから数年経ちますが、単なる点数付けの手段となることはなく、「どうすればより良い行動につなげられるか？」について社員が考え実践することで、経営目標の達成という目に見える形で効果が出てきています。

　このように、人事評価制度を本当に機能させるために、本来の目的に立ち返る機会を継続的に持つことが重要です。

2. 目標達成へ向けた活動を推進するために マネジメント会議を定例開催する

　先述のとおり、「期待成果シート」では評価項目の「数値化」を行い、それぞれの月次目標を設定します。そして、各項目の実績値にもとづいて本人と上司が面談を行うことになります。

　この面談は部門や部署単位で実施することが通常です。各組織内でのコミュニケーションを促進し、さらなる行動につなげていくことに大きく役立つものです。一方で、各組織内での取り組みや活動に焦点を当てていることで、他組織の目標達成や活動の状況などの情報共有となると難しい面があります。

　人事評価制度を通じて上位目標の達成を目指すならば、組織間での情報共有や協力体制を築くことが重要になります。そこで重要になるのがマネジメント会議の実施です。マネジメント会議とは、経営者や組織の管理者が集まり、目標達成への進捗確認や対策を議論する場です。

　このマネジメント会議と同じように、定期的に管理者が集まって会議をしている会社は多いでしょう。しかし、本当に有効な情報共有や対策が検討されているかというと、そうとは言い切れないケースが多いというのが私の印象です。例えば、そもそもの会議の目的が不明確であることや、一部の参加者が話を独占してしまうことなどから建設的な議論を行うことが難しい場合があります。

　このような会議で生じる問題に対して、「期待成果シート」の活用

が解決手段になり得ます。なぜなら、重要指標についての進捗確認とその検証や改善という目的が明確だからです。評価項目が「数値化」されていることで結果の良し悪しが明確に判断でき、情報共有や対策の検討を行いやすくなります。

　以下に、マネジメント会議で「期待成果シート」を活用するメリットについてみていきます。

⑴　客観性を確保することで、より公平な議論を行うことができる

　具体的な実績値にもとづいて報告することで、管理者の主観的な意見や感情が入り込む余地を減らすことができます。その結果、取り組みや活動の良し悪しについて、ほかのメンバーと共通の基準にもとづいた判断をすることができます。

　ここで、定性的な報告が役に立たないというわけではありません。目標や実績という数値を前提とすることで、定性的な情報の裏付けや根拠となり、参加者間の共通の認識にもとづいた議論を行うことができるのです。

　このように、数値にもとづく報告は客観性を確保することができ、複数の参加者間でのより公平な議論を行うことにつながります。

⑵　意思決定の精度を高めることができる

　マネジメント会議では、全社的な取り組みや活動についての進捗確認をした上で、その状況に応じた意思決定をする場面があります。ここでも、数値にもとづいて判断を下すということが非常に効果的です。

　なぜなら、前項でも述べたように、数値にもとづく報告は主観的な

意見や感情が入り込む余地を減らすことができるからです。

　仮に、主観的な意見や感情にもとづく情報や根拠のみで意思決定すると、誤った方向に進んでしまうリスクが高まるでしょう。数値にもとづく意思決定はそのリスクを減少させることができます。

　例えばある会社では、「どのように落ち込んだ売上高を回復させていくか」についてマネジメント会議で議論していました。この時に、その原因を探るために「期待成果シート」の各項目を検証していくことになったのです。

　売上高の増加に影響する「決裁者への提案数」を確認してみると、目標自体は十分に達成している状況でした。ここから「提案数自体は十分である一方、提案からの契約実績が少ない」ということがみえてきました。実際に、過去の契約率と比較してみると、直近では著しく悪い状況が判明しました。

　そこで、「提案時の顧客からのフィードバックをまとめ、その回答を提案書に盛り込む」という対策を講じました。結果として、徐々に売上高の改善につながったという事例があります。

　もちろん、問題点の改善にはさまざまなアプローチ方法があり、この会社の対策が最善であったとは言い切れません。しかし、根拠がない中で対策を講じるよりは、精度の高い意思決定が行えるはずです。なぜなら、数値にもとづいた結果という裏付けから判断することができるからです。

⑶　問題の早期発見をし、大きな問題になる前に対策を講じることができる

　「期待成果シート」で定めた各項目を定期的に振り返ることで、感

覚では判断しにくい微細な変化や傾向を把握することができます。

例えば、ある製造業の会社でマネジメント会議を実施し、「期待成果シート」の各項目の進捗報告をしていました。すると、他部門との比較の中で、ある部門の評価項目の結果が徐々に低下していることが明らかになりました。この時、全体の生産量や納期に影響が出ていたわけではなく、対象部門の管理者は問題として捉えていませんでした。しかし、この指摘を受け部門内で検証したところ、問題が生じる原因になりそうな工程の特定につながったのです。

このように、数値で管理することで微妙な傾向を捉え、感覚的には気づけないような段階での問題を早期発見できることがあります。そして、機械のメンテナンスや工程の改善などを迅速に行うことで、生産遅延や品質問題の発生を未然に防げることもあるのです。

3．全社の目標達成度と賞与原資を連動させる

本当の意味で人事評価制度を機能させるためには、結果を適切に処遇に反映させることが不可欠です。その中でも、基本給や手当などの支給ルールを定める賃金制度の構築が重要です。

人事評価制度を構築して社員の成果や取り組みを公平に判断できるようになったとしても、それを反映する賃金制度がブラックボックスでは、納得感を得ることは難しいでしょう。そこで、人事評価制度に合わせて賃金制度のルールづくりに着手し、どのように評価結果が処

遇に反映されるのか、明確に示すことが重要です。

　ここで紹介する方法・考え方は、この賃金制度を構成する賞与決定ルールに関連する内容です。

　人事評価結果にもとづいて賞与額を決定する際には、**図表5-1**のような表を用いることがあります。この表は、「役割スキル要件表」で定めたステージと評価結果に応じて賞与額が変動するというルールを示しています。

　例えば、ステージ1の社員がA評価を取ると、120ポイント獲得できることになります。この考え方で各人の獲得ポイントを決定した後、全社の賞与原資から1ポイント当たりの単価を計算します。そして、単価×獲得ポイントで各人の賞与額を算出することができます。

図表5-1　ステージと評価結果に応じた賞与のポイント表

ステージ	評価結果				
	S	A	B	C	D
5	220	200	180	160	140
4	200	180	160	140	120
3	180	160	140	120	100
2	160	140	120	100	80
1	140	120	100	80	60

　人事評価制度を導入すると、このような賞与の算出ルールを定めることが一般的ですが、ここで重要な考え方が「全社の目標達成度合いと賞与原資を連動させる」ということです。つまり、全社の目標達成度合いに応じて、賞与原資そのものが変動するということです。

　例えば、**図表5-2**は、営業利益額目標の達成度合いに応じて賞与

原資が変動するルールを設定した例です。

図表5―2　営業利益額目標の達成度合いと賞与原資決定のルール

営業利益額目標 達成度合い	賞与原資額の算出
110％以上	基準×110％
105％以上110％未満	基準×105％
100％以上105％未満	基本給の1か月分（基準）
95％以上100％未満	基準×95％
95％未満	基準×90％

　この例では、営業利益目標に対する実績が"100％以上105％未満"
だった場合、賞与原資は各人の基本給1か月分の合計額になるので
す。これを賞与原資算定の基準として、目標達成度合いによって変動
する仕組みになっています。

　このようなルールを設定すると、各人の評価のみで賞与額が決まる
わけではないことを示すことができます。自身の取り組みはもちろん
のこと、全社として成果を出す重要性を認識することにつながるので
す。

　ある会社の経営者は、賞与支給の時期になると胃が痛くなるほど悩
んでいたといいます。会社の業績が落ち込んだ時期があり、社員のが
んばりは評価する一方で、どうしても賞与額が過去よりも下がってし
まうことがありました。その際、賞与は会社の業績を反映しているこ
とを説明するものの、社員からは「自分の働きぶりをきちんと評価し
てもらえない」というように、なかなか理解を得られないことがあっ
たのです。

そこで、業績と賞与原資が連動するルールを明確にしたところ、賞与決定の前提には会社の業績があることを、社員が徐々に理解していきました。すると、たとえ一時的に賞与額が減少したとしても、「どうすれば会社全体として成果を出していけるか」ということに意識が向くようになりました。このルールを設けた後は、賞与額の決定に悩むことも少なくなり、経営目標の達成により集中できるようになったといいます。

4．常に評価項目を見直す

　人事評価制度の運用を進めていく中で、「期待成果シート」で設定した評価項目を常に見直していくという姿勢が重要です。
　特に、結果に関する指標である「期待成果」、その達成につながる「期待職務」「挑戦職務」などについては定期的に見直していくことが必要です。なぜなら、これらは上位目標の達成に直接的に関わる項目だからです。
　会社を取り巻く状況や方針により、上位目標が変わることは必ずあります。それに合わせて、どのような指標を設定すべきか常に見直していくことが重要です。
　例えば、ある会社が新市場へ参入したばかりの段階で、「市場シェアの拡大」という上位目標を掲げていたとしましょう。そして、この目標を達成するために「新規顧客開拓数の増加」という評価項目を設

定していたとします。

　その後、目標としていた市場シェアを達成することに成功し、「新規開拓のコストを抑え利益額を上げていく」という方針に転換したとしましょう。この時、当初設定していた「新規顧客開拓数の増加」から、例えば「既存客からのリピート購入増加」に変更することが、上位目標の達成に必要になるはずです。

　このように、「期待成果シート」で定める評価項目は上位目標と連動しています。そのため、上位目標の変更に合わせて、常に見直していくことは必須といえるでしょう。

　ある会社では、毎年度初めに経営計画発表会を開催し、期の方針に合わせてアップデートした「期待成果シート」を社員に示しています。

　経営計画発表会では、全社・部門目標を具体的な数値とともに示した上で、それらの達成につながるであろう「期待成果シート」の内容を発表します。この流れで発表することで、社員は上位目標と自らに期待されることの関連が明確に理解できるようになります。

　実際に評価項目を見直すタイミングは、年度末になることが多いでしょう。その期の取り組みを検証し、翌期の目標設定を実施するタイミングだからです。

　具体的には、経営者と各組織の管理者が1年間の結果を検証し、翌期の上位目標を設定します。その後、上位目標の達成につながるように「期待成果シート」の評価項目を見直していきます。そして、設定した各項目の具体的な目標値を設定するという流れになります。

　このような運用が根付くと、いわゆるPDCAサイクルが全社的に推進されることになり、着実な成果につなげていくことができるのです。

5．人事評価制度の運用で生じる 評価者の悩みを解消する

　人事評価制度の運用においては、「期待成果シート」を用いて評価者である上司と部下が面談を実施します。面談では、上司が部下を評価するとともに、将来に向けたより良い取り組みにつながるようなアドバイスや行動の後押しをしていきます。

　この取り組みに代表されるように、人事評価制度の運用において、評価者となる上司の役割は非常に重要です。上司がいかに部下の取り組みに関わるかが、結果として上位目標の達成にも影響を及ぼすからです。

　ここで、人事評価制度の導入を機に、初めて評価者になるという場合、「面談でどのように部下と関わればいいのか？」「どのように部下の行動を後押しすればいいのか？」などについて悩むことがあります。

　このような問題や悩みに対して一つずつ丁寧に検討していき、全社的な考え方や対応方法を統一することが人事評価制度を適切に機能させるために不可欠です。評価者が問題や悩みを抱えたままでは、人事評価制度の運用を前向きに取り組んでいくことは難しくなるからです。

　第1章で、運用に力をいれて成功しているS社の事例を紹介しました。このS社は、まさにこの考え方を実践している会社で、評価者の悩みに対して一つずつ丁寧に対応することで効果的な運用を実現しています。

　S社では、毎年評価者向けの研修を開催していることを紹介しまし

たが、この研修に先立ち、全社員に人事評価制度に関するアンケートを実施します。

アンケートでは、評価する側、評価される側からの視点でさまざまな意見が出てきます。そして、寄せられた意見や問題点について、評価者に対して「こういう風に対応しよう」という方向性を示します。評価者間で対応方法の検討が必要であれば「どのように対応すべきか」についてディスカッションします。

このように、人事評価の運用の中で必ず出てくる問題を放置せず、丁寧に対応し続けることで、評価者が制度を主導するという意識の向上にもつながっています。結果として、Ｓ社では人事評価制度本来の目的である人材育成や経営目標達成を着実に実現していることは述べたとおりです。

評価者となる上司がいかに部下と関わっていくかが人事評価制度の成否を分けるポイントです。評価者の悩みや問題を見過ごしてしまえば、人事評価の運用を成功させることは難しいでしょう。悩みや問題は必ず生じるものと認識して、常に対応するという姿勢で進めることが重要です。

6. 個人目標の取り組みに関する表彰制度を作る

表彰制度とは、「ある組織の中で個人やチームの優れた成果や取り組みを称賛し正式に認める制度」のことを指します。

表彰制度の対象にはさまざまなものがあります。例えば、目標を大きく上回るレベルで達成した場合や、長期間勤めた社員が対象になることがあります。

　ここで推奨する方法は、個人目標の取り組みに関する表彰制度を定めるということです。

　個人目標への取り組み結果を評価に反映する本来の目的は、上位目標の達成や本人の成長につなげるということです。そのために、本人にとって一定の難易度があるチャレンジングなレベルの目標設定をする必要があります。

　表彰制度を構築することで、より本来の目的に沿った運用につながっていきます。つまり、優れた取り組みや成果を他のメンバーに示し、それを行った社員の努力に感謝の意を示すことで、さらなる取り組みを促すことができるのです。

　この表彰制度には以下のような効果があるといわれています。

(1)　モチベーションの向上

　経営において、社員一人ひとりのモチベーションを高めるということは永遠の課題であるともいえます。モチベーションは社員が行動する原動力や意欲のことであり、会社の目標達成には欠かせないものです。人は自らの努力や成果が認められることで、自己肯定感が高まり、より良い取り組みをしていこうという感情が高まるといわれています。

　そこで、何かを達成し表彰されることで、本人のモチベーション向上が期待できるのです。また、目の前で同僚が称賛されるという体験を通じて、他のメンバーもそれを目指していく動機付けとなるのです。

⑵　優れた取り組みや成果が可視化できる

　会社の中でどのような取り組みや成果が求められ、どのような基準で評価されるのかが明確になります。

　個人目標は、社員それぞれの期待や課題を踏まえて設定するものであり、具体的な対象や目標値が与えられているものではありません。そのため、どのような成果が優れた取り組みであるかが不明瞭であるともいえます。

　表彰制度を運用していくと、「誰がどういう目標を設定し、それに対してどのような成果を出したのか」に関する事例が積み重なっていきます。それらが社内で共有されていくことで、どのような目標を設定して、どの程度達成すれば優れた取り組みかについての基準が明確になっていくのです。

⑶　ポジティブな組織文化や価値観を形成することができる

　表彰制度を継続的に運用することで、お互いを認め祝福するということが全社的に行われることになります。これにより、メンバー間の信頼関係の構築やチームワークの強化といった良い影響を期待することができます。

　また、表彰対象となる取り組みや成果は、会社のミッションやビジョンとも関連することが多いはずです。そのため、表彰を行うことでミッションやビジョンに対する理解が自然と深まり、社員全員が共通の目的に向かって前向きに進んでいく手助けにもなっていくのです。

このように表彰制度の運用を通じて、さまざまな効果が期待できます。

　ある会社では、「期待成果シート」の導入を機に表彰制度の運用を開始しました。経営者が社員すべての個人目標に目を通した上で、評価期間終了後にその成果を確認します。そして、毎年経営者からみたベスト3の社員を選定し、経営方針発表会において感謝とともに表彰しているのです。

　私はこの会社の導入から運用まで関わってきましたが、表彰制度を導入したことで社員がより高い目標に挑戦しようという意識が強くなったと感じています。以前は、普段の業務の中では、なかなか他の組織やメンバーの取り組みや成果が見えづらい面がありました。表彰制度を導入したことで、社員それぞれの目標達成に向けたがんばりを詳細に知ることができるようになりました。その結果、「自分ももっとがんばろう」という気持ちがさらに芽生えてきたのだと考えています。

7. 人事評価制度の運用には終わりがない ことを知る

　最後は、人事評価制度の運用には終わりがないことを知るということです。

　本書では、会社の未来像実現のために、人事評価制度をどのように構築・運用すればよいのかを説明してきました。その中でも特に有効な方法として、「数値化」を基準とした人事評価項目を設定する方法

について述べてきました。

　しかし、ここまで述べてきた方法を参考に人事評価制度を導入しても、それだけでは十分な効果を期待できません。

　第1章でも述べたとおり、人事評価制度の効果を出していくためには、導入後の運用で検証・改善していくことが不可欠だからです。よく人事評価制度は構築が2割、運用が8割と表現しますが、まさにそのとおりです。

　人事評価制度を導入する時点では予想していなかった問題が、運用の中で明らかになることがあります。それらについての検証・改善を繰り返していくことで、人事評価制度が定着し機能していくものだと確信します。

　私がこれまで関わってきた会社で、人事評価制度をうまく活用している会社は、もれなく運用をする中で汗をかいて検証・改善を続けています。このような会社は、運用する中で少しずつ人事評価制度の精度が上がっていき、その結果、経営目標の達成や社員の成長など目に見える成果につながっているのです。

　逆にうまくいかないケースは、人事評価制度の構築に関わってきたメンバーが「人事評価制度は完成したから、あとは現場にまかせておけば大丈夫だろう」というように手を放してしまうケースです。

　両者の違いは何かというと、やはり人事評価制度に対する目的の違いだと考えます。

　うまくいく会社のほとんどは、人事評価制度を運用した先にある目的が非常に明確です。つまり、人事評価制度を手段として活用して、その先にある経営目標の達成や社員の納得感の醸成などをしっかりと見据えているのです。一方、うまくいかない会社は、そもそも目的が

あいまいであることや、人事評価制度を導入しさえすれば問題を解決できるだろうと安易に考えていることがあります。

　本書をご覧の皆さまには、人事評価制度を導入するそもそもの目的を明確にしていただきたいです。そして、その目的を達成するためには運用での検証と改善が最も重要であることを決して忘れないでください。

おわりに

本書をお読みいただきありがとうございました。

序章で述べてきたとおり、家業の3代目として私の職業人生はスタートしました。この時、大きな期待を寄せた人事評価制度が問題解決につながらず、むしろ社員の不満を増大させてしまったという経験が、本書執筆のきっかけになります。

その後、方向転換を余儀なくされた私は、独立した現在まで一貫して人事評価制度の分野に携わることになります。この間に、雇われて働くという一人の社員としての経験を積む機会も得ることができました。

この経験から言えることは、経営と社員側、立場が異なる両者の方向性を一致させることは決して容易ではないということです。単に経営側から方針を示すだけで、社員が一丸となって動けるかというと、そう簡単ではありません。

実際に、両者の期待や要望がかみ合わず、本来目指すべき方向に進むことが困難な会社を数多く支援してきました。このような会社は、序章で紹介した私の家業と同様に組織全体に閉塞感が漂っていることがほとんどです。こうなってしまうと、内向き志向になり、お互いの不満ばかりが募る、そんな組織になってしまいます。当然ながら、本来の目的達成には程遠いでしょう。

一方で、これまでの私の経験からもう一つ確信していることがあります。

それは、人事評価制度が両者の溝を埋めるための有効な手段になるということです。人事評価制度を構築することで、「経営者が示す未

来像実現のために、社員に何を期待しどう動いてほしいか」が明確なります。そして、その結果を適正に判断し処遇に反映することで、社員も納得できる仕組みとなるのです。

このような仕組みを機能させるためには、いくつかのポイントを押さえる必要があります。家業での失敗経験に加え、数多くの会社を支援する中で、「これを押さえないと機能しない、むしろ悪影響が出てしまう」ということがわかってきました。

これらについての具体的な方法は本書で説明してきたとおりです。本書で述べてきた方法を参考にすれば、期待した効果の出る制度を構築することができると確信します。

「せっかく人事評価制度を導入したのにうまく効果が出ない」「社員の不満が増大してしまった」「人事評価制度が形骸化してしまっている」というような会社を無くしたいというのが私の願いです。

本書をきっかけに、経営者と社員側、双方の橋渡しとなり、本当の意味で機能する人事評価制度の導入・運用をする会社が増えれば、それ以上うれしいことはありません。

最後に、経営書院の皆さまには、私の構想への関心と本書の執筆に対する貴重なアドバイスをいただきました。この場をお借りして感謝申し上げます。

伊東　健

■「期待成果シート」基本フォーマットダウンロード案内

資料（エクセルファイル）	本書掲載頁
「期待成果シート」基本フォーマット（図表4—11）	118頁
「期待成果シート・間接職用」基本フォーマット（図表4—35）	158頁

以下の URL よりダウンロードができます。

https://www.e-sanro.net/data/4956/

■ログイン用 ID・パスワード

ユーザー名：86326-375

パスワード：495928

※エクセルファイルをダウンロードする際に、お使いの環境によって
　は表示や数式が崩れることがあります。あらかじめご了承ください。

<利用規約等>

1．ダウンロードいただいた資料は、ご購入者様または、ご購入者様が所属する
　組織内においてのみ有効です。有償・無償に関わらず、許可無く複製・転載、
　第三者への再提供・再配布することは固くお断りいたします。上記の事態が発
　覚した場合は、しかるべき処置を行います。
2．ダウンロード期間は、2026年3月31日までとさせていただきます。
3．本商品を利用することで発生した紛争や損害に対し、当社は責任を負わない
　ものとします。また、できる限り正確に保つように努めていますが、掲載内容
　の正確性・完全性・信頼性・最新性を保障するものではございませんので、あ
　らかじめご了承ください。

【著者紹介】

伊東　健（いとう　けん）

K.I.パートナーズ株式会社　代表取締役
『賃金・人事制度構築コンサルタント』　中小企業診断士　事業承継士
明治大学政治経済学部卒

　大学卒業後から家業の３代目として経営に携わるが、リーマンショックによる販売不振から資金繰りが急激に悪化し、最終的に経営破綻に陥る。

　その後、経営に関与する中で常に抱えていた"人や組織"に関する問題解決を支援することを決意、人事制度構築を専門とするコンサルティング会社に転職する。

　数多くの企業を支援する中で、人事制度を機能させるためには押さえるべきポイントがあることを実感する。その支援手法を体系的にまとめ、さらに多くの企業に貢献すべく独立。現在は、経営者も社員も納得できる、本当の意味で機能する人事制度の構築・運用を支援している。

『経営者も社員も納得の人事制度メールマガジン』
人事制度の構築・運用に関する最新情報やヒントなどを K.I.パートナーズ㈱では定期的に配信しています。
こちらの QR コードから登録可能です。

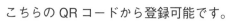

■書籍コーディネート　インプルーブ　小山睦男

人事評価制度のつくり方がよくわかる本

2024年4月23日　　第1版第1刷発行

定価はカバーに
表示してあります。

著　者　伊東　　健
発行者　平　　盛之

㈱産労総合研究所　　〒100-0014　東京都千代田区永田町1-11-1　三宅坂ビル
　　　　　　　　　　　　　　　　電話03（5860）9799
出版部　経営書院　　　　　　　　https://www.e-sanro.net

印刷・製本　中和印刷株式会社
ISBN 978-4-86326-375-8　C2034